T&P BOOKS

MALEIS
WOORDENSCHAT

THEMATISCHE WOORDENLIJST

NEDERLANDS
MALEIS

De meest bruikbare woorden
Om uw woordenschat uit te breiden en
uw taalvaardigheid aan te scherpen

3000 woorden

Thematische woordenschat Nederlands-Maleis - 3000 woorden

Door Andrey Taranov, Victor Pogadaev

Woordenlijsten van T&P Books zijn bedoeld om u woorden van een vreemde taal te helpen leren, onthouden, en bestudering. Dit woordenboek is ingedeeld in thema's en behandelt alle belangrijk terreinen van het dagelijkse leven, bedrijven, wetenschap, cultuur, etc.

Het proces van het leren van woorden met behulp van de op thema's gebaseerde aanpak van T&P Books biedt u de volgende voordelen:

- Correct gegroepeerde informatie is bepalend voor succes bij opeenvolgende stadia van het leren van woorden
- De beschikbaarheid van woorden die van dezelfde stam zijn maakt het mogelijk om woordgroepen te onthouden (in plaats van losse woorden)
- Kleine groepen van woorden faciliteren het proces van het aanmaken van associatieve verbindingen, die nodig zijn bij het consolideren van de woordenschat
- Het niveau van talenkennis kan worden ingeschat door het aantal geleerde woorden

Copyright © 2019 T&P Books Publishing

Alle rechten voorbehouden. Niets uit deze uitgave mag worden verveelvoudigd, opgeslagen in een geautomatiseerd gegevensbestand en/of openbaar gemaakt in enige vorm of op enige wijze, hetzij elektronisch, mechanisch, door fotokopieën, opnamen of op enige andere manier zonder voorafgaande schriftelijke toestemming van de uitgever. U mag dit boek niet verspreiden in welk formaat dan ook.

T&P Books Publishing
www.tpbooks.com

ISBN: 978-1-78492-384-6

Dit boek is ook beschikbaar in e-boek formaat.
Gelieve www.tpbooks.com te bezoeken of de belangrijkste online boekwinkels.

MALEISE WOORDENSCHAT
nieuwe woorden leren

T&P Books woordenlijsten zijn bedoeld om u te helpen vreemde woorden te leren, te onthouden, en te bestuderen. De woordenschat bevat meer dan 3000 veel gebruikte woorden die thematisch geordend zijn.

- De woordenlijst bevat de meest gebruikte woorden
- Aanbevolen als aanvulling bij welke taalcursus dan ook
- Voldoet aan de behoeften van de beginnende en gevorderde student in vreemde talen
- Geschikt voor dagelijks gebruik, bestudering en zelftestactiviteiten
- Maakt het mogelijk om uw woordenschat te evalueren

Bijzondere kenmerken van de woordenschat

- De woorden zijn gerangschikt naar hun betekenis, niet volgens alfabet
- De woorden worden weergegeven in drie kolommen om bestudering en zelftesten te vergemakkelijken
- Woorden in groepen worden verdeeld in kleine blokken om het leerproces te vergemakkelijken
- De woordenschat biedt een handige en eenvoudige beschrijving van elk buitenlands woord

De woordenschat bevat 101 onderwerpen zoals:

Basisconcepten, getallen, kleuren, maanden, seizoenen, meeteenheden, kleding en accessoires, eten & voeding, restaurant, familieleden, verwanten, karakter, gevoelens, emoties, ziekten, stad, dorp, bezienswaardigheden, winkelen, geld, huis, thuis, kantoor, werken op kantoor, import & export, marketing, werk zoeken, sport, onderwijs, computer, internet, gereedschap, natuur, landen, nationaliteiten en meer ...

INHOUDSOPGAVE

UITSPRAAKGIDS

T&P fonetisch alfabet	Maleis voorbeeld	Nederlands voorbeeld

Klinkers

[a]	naskhah [naskah]	acht
[e]	lebar [lebar]	delen, spreken
[ɛ]	teman [tɛman]	elf, zwembad
[i]	lidah [lidah]	bidden, tint
[o]	blok [blok]	overeenkomst
[u]	kebun [kɛbun]	hoed, doe

Medeklinkers

[b]	burung [buruŋ]	hebben
[d]	dunia [dunia]	Dank u, honderd
[dʒ]	panjang [pandʒaŋ]	jeans, jungle
[f]	platform [platform]	feestdag, informeren
[g]	granit [granit]	goal, tango
[ɣ]	spaghetti [spaɣeti]	liegen, gaan
[j]	layar [lajar]	New York, januari
[h]	matahari [matahari]	het, herhalen
[k]	mekanik [mekanik]	kennen, kleur
[l]	lelaki [lɛlaki]	delen, luchter
[m]	memukul [mɛmukul]	morgen, etmaal
[n]	nenek [nenek]	nemen, zonder
[ŋ]	gunung [gunuŋ]	optelling, jongeman
[p]	pemuda [pɛmuda]	parallel, koper
[r]	rakyat [rakjat]	roepen, breken
[s]	sembuh [sɛmbuh]	spreken, kosten
[ʃ]	champagne [ʃampejn]	shampoo, machine
[t]	matematik [matɛmatik]	tomaat, taart
[x]	akhirat [axirat]	licht, school
[tʃ]	cacing [tʃatʃiŋ]	Tsjechië, cello
[ɕ]	syurga [ɕurga]	Chicago, jasje
[v]	Taiwan [tajvan]	beloven, schrijven
[z]	zuriat [zuriat]	zeven, zesde
[w]	penguasa [pɛŋwasa]	twee, willen

AFKORTINGEN
gebruikt in de woordenschat

Nederlandse afkortingen

abn	-	als bijvoeglijk naamwoord
bijv.	-	bijvoorbeeld
bn	-	bijvoeglijk naamwoord
bw	-	bijwoord
enk.	-	enkelvoud
enz.	-	enzovoort
form.	-	formele taal
inform.	-	informele taal
mann.	-	mannelijk
mil.	-	militair
mv.	-	meervoud
on.ww.	-	onovergankelijk werkwoord
ontelb.	-	ontelbaar
ov.	-	over
ov.ww.	-	overgankelijk werkwoord
telb.	-	telbaar
vn	-	voornaamwoord
vrouw.	-	vrouwelijk
vw	-	voegwoord
vz	-	voorzetsel
wisk.	-	wiskunde
ww	-	werkwoord

Nederlandse artikelen

de	-	gemeenschappelijk geslacht
de/het	-	gemeenschappelijk geslacht, onzijdig
het	-	onzijdig

BASISBEGRIPPEN

1. Voornaamwoorden

ik	saya, aku	[saja], [aku]
jij, je	awak	[avak]
hij, zij, het	dia, ia	[dia], [ia]
wij, we	kami, kita	[kami], [kita]
jullie	kamu	[kamu]
U (form., enk.)	anda	[anda]
U (form., mv.)	anda	[anda]
zij, ze (levenloos)	ia	[ia]
zij, ze (levend)	mereka	[mɛreka]

2. Begroetingen. Begroetingen

Hallo! Dag!	Helo!	[helo]
Hallo!	Helo!	[helo]
Goedemorgen!	Selamat pagi!	[sɛlamat pagi]
Goedemiddag!	Selamat petang!	[sɛlamat pɛtaŋ]
Goedenavond!	Selamat petang!	[sɛlamat pɛtaŋ]
gedag zeggen (groeten)	bersapa	[bɛrsapa]
Hoi!	Hai!	[haj]
groeten (het)	sambutan	[sambutan]
verwelkomen (ww)	menyambut	[mɛnjambut]
Hoe gaat het?	Apa khabar?	[apa kabar]
Is er nog nieuws?	Apa yang baru?	[apa jaŋ baru]
Dag! Tot ziens!	Sampai jumpa lagi!	[sampaj dʒumpa lagi]
Tot snel! Tot ziens!	Sampai jumpa lagi!	[sampaj dʒumpa lagi]
Vaarwel!	Selamat tinggal!	[sɛlamat tiŋgal]
afscheid nemen (ww)	minta diri	[minta diri]
Tot kijk!	Jumpa lagi!	[dʒumpa lagi]
Dank u!	Terima kasih!	[tɛrima kasih]
Dank u wel!	Terima kasih banyak!	[tɛrima kasih banjak]
Graag gedaan	Sama-sama	[sama sama]
Geen dank!	Sama-sama!	[sama sama]
Geen moeite.	Sama-sama	[sama sama]
Excuseer me, ... (inform.)	Maaf!	[maaf]
Excuseer me, ... (form.)	Minta maaf!	[minta maaf]
excuseren (verontschuldigen)	memaafkan	[mɛmaafkan]
zich verontschuldigen	minta maaf	[minta maaf]
Mijn excuses.	Maafkan saya	[maafkan saja]

Het spijt me!	Maaf!	[maaf]
vergeven (ww)	memaafkan	[mɛmaafkan]
Maakt niet uit!	Tidak apa-apa!	[tidak apa apa]
alsjeblieft	sila, tolong	[sila], [toloŋ]
Vergeet het niet!	Jangan lupa!	[dʒaŋan lupa]
Natuurlijk!	Tentu!	[tɛntu]
Natuurlijk niet!	Tentu tidak!	[tɛntu tidak]
Akkoord!	Setuju!	[sɛtudʒu]
Zo is het genoeg!	Cukuplah!	[tʃukuplah]

3. Vragen

Wie?	Siapa?	[siapa]
Wat?	Apa?	[apa]
Waar?	Di mana?	[di mana]
Waarheen?	Ke mana?	[kɛ mana]
Waarvandaan?	Dari mana?	[dari mana]
Wanneer?	Bila?	[bila]
Waarom?	Untuk apa?	[untuk apa]
Waarom?	Mengapa?	[mɛŋapa]
Waarvoor dan ook?	Untuk apa?	[untuk apa]
Hoe?	Bagaimana?	[bagajmana]
Wat voor …?	Apa? Yang mana?	[apa], [jaŋ mana]
Welk?	Yang mana?	[jaŋ mana]
Aan wie?	Kepada siapa?	[kɛpada siapa]
Over wie?	Tentang siapa?	[tɛntaŋ siapa]
Waarover?	Tentang apa?	[tɛntaŋ apa]
Met wie?	Dengan siapa?	[dɛŋan siapa]
Hoeveel?	Berapa?	[brapa]
Van wie?	Siapa punya?	[siapa punja]

4. Voorzetsels

met (bijv. ~ beleg)	bersama dengan	[bɛrsama dɛŋan]
zonder (~ accent)	tanpa	[tanpa]
naar (in de richting van)	ke	[kɛ]
over (praten ~)	tentang	[tɛntaŋ]
voor (in tijd)	sebelum	[sɛbɛlum]
voor (aan de voorkant)	di depan	[di dɛpan]
onder (lager dan)	di bawah	[di bavah]
boven (hoger dan)	di atas	[di atas]
op (bovenop)	di atas	[di atas]
van (uit, afkomstig van)	dari	[dari]
van (gemaakt van)	daripada	[daripada]
over (bijv. ~ een uur)	selepas	[sɛlɛpas]
over (over de bovenkant)	melalui	[mɛlalui]

5. Functiewoorden. Bijwoorden. Deel 1

Waar?	Di mana?	[di mana]
hier (bw)	di sini	[di sini]
daar (bw)	di situ	[di situ]

ergens (bw)	pada sesuatu tempat	[pada sɛsuatu tɛmpat]
nergens (bw)	tak di mana-mana	[tak di mana mana]

bij ... (in de buurt)	dekat, kat	[dɛkat], [kat]
bij het raam	kat tingkap	[kat tiŋkap]

Waarheen?	Ke mana?	[kɛ mana]
hierheen (bw)	ke sini	[kɛ sini]
daarheen (bw)	ke situ	[kɛ situ]
hiervandaan (bw)	dari sini	[dari sini]
daarvandaan (bw)	dari situ	[dari situ]

dichtbij (bw)	dekat	[dɛkat]
ver (bw)	jauh	[dʒauh]

in de buurt (van ...)	dekat	[dɛkat]
dichtbij (bw)	dekat	[dɛkat]
niet ver (bw)	tidak jauh	[tidak dʒauh]

linker (bn)	kiri	[kiri]
links (bw)	di kiri	[di kiri]
linksaf, naar links (bw)	ke kiri	[kɛ kiri]

rechter (bn)	kanan	[kanan]
rechts (bw)	di kanan	[di kanan]
rechtsaf, naar rechts (bw)	ke kanan	[kɛ kanan]

vooraan (bw)	di depan	[di dɛpan]
voorste (bn)	depan	[dɛpan]
vooruit (bw)	ke depan	[kɛ dɛpan]

achter (bw)	di belakang	[di blakaŋ]
van achteren (bw)	dari belakang	[dari blakaŋ]
achteruit (naar achteren)	mundur	[mundur]

midden (het)	tengah	[tɛŋah]
in het midden (bw)	di tengah	[di tɛŋah]

opzij (bw)	dari sisi	[dari sisi]
overal (bw)	di mana-mana	[di mana mana]
omheen (bw)	di sekitar	[di sɛkitar]

binnenuit (bw)	dari dalam	[dari dalam]
naar ergens (bw)	entah ke mana	[ɛntah kɛ mana]
rechtdoor (bw)	terus	[trus]
terug (bijv. ~ komen)	balik	[balik]
ergens vandaan (bw)	dari sesuatu tempat	[dari sɛsuatu tɛmpat]
ergens vandaan (en dit geld moet ~ komen)	entah dari mana	[ɛntah dari mana]

ten eerste (bw)	pertama	[pɛrtama]
ten tweede (bw)	kedua	[kɛdua]
ten derde (bw)	ketiga	[kɛtiga]

plotseling (bw)	tiba-tiba	[tiba tiba]
in het begin (bw)	mula-mula	[mula mula]
voor de eerste keer (bw)	pertama kali	[pɛrtama kali]
lang voor ... (bw)	lama sebelum	[lama sɛbɛlum]
opnieuw (bw)	semula	[sɛmula]
voor eeuwig (bw)	untuk selama-lamanya	[untuk sɛlama lamanja]

nooit (bw)	tidak sekali-kali	[tidak sɛkali kali]
weer (bw)	lagi, semula	[lagi], [sɛmula]
nu (bw)	sekarang, kini	[sɛkaraŋ], [kini]
vaak (bw)	seringkali	[sɛriŋkali]
toen (bw)	ketika itu	[kɛtika itu]
urgent (bw)	segera	[sɛgɛra]
meestal (bw)	biasanya	[bijasanja]

trouwens, ... (tussen haakjes)	oh ya	[o ja]
mogelijk (bw)	mungkin	[muŋkin]
waarschijnlijk (bw)	mungkin	[muŋkin]
misschien (bw)	mungkin	[muŋkin]
trouwens (bw)	selain itu	[sɛlajn itu]
daarom ...	kerana itu	[krana itu]
in weerwil van ...	meskipun	[mɛskipun]
dankzij ...	berkat	[bɛrkat]

wat (vn)	apa	[apa]
dat (vw)	bahawa	[bahva]
iets (vn)	sesuatu	[sɛsuatu]
iets	sesuatu	[sɛsuatu]
niets (vn)	tidak apa-apa	[tidak apa apa]

wie (~ is daar?)	siapa	[siapa]
iemand (een onbekende)	seseorang	[sɛsɛoraŋ]
iemand (een bepaald persoon)	seseorang	[sɛsɛoraŋ]

niemand (vn)	tak seorang pun	[tak sɛoraŋ pun]
nergens (bw)	tak ke mana pun	[tak ke mana pun]
niemands (bn)	tak bertuan	[tak bɛrtuan]
iemands (bn)	milik seseorang	[milik sɛsɛoraŋ]

zo (Ik ben ~ blij)	begitu	[bɛgitu]
ook (evenals)	juga	[dʒuga]
alsook (eveneens)	juga	[dʒuga]

6. Functiewoorden. Bijwoorden. Deel 2

Waarom?	Mengapa?	[mɛŋapa]
om een bepaalde reden	entah mengapa	[ɛntah meŋapa]
omdat ...	oleh kerana	[olɛh krana]

voor een bepaald doel	entah untuk apa	[ɛntah untuk apa]
en (vw)	dan	[dan]
of (vw)	atau	[atau]
maar (vw)	tetapi	[tɛtapi]
voor (vz)	untuk	[untuk]
te (~ veel mensen)	terlalu	[tɛrlalu]
alleen (bw)	hanya	[hanja]
precies (bw)	tepat	[tɛpat]
ongeveer (~ 10 kg)	sekitar	[sɛkitar]
omstreeks (bw)	lebih kurang	[lɛbih kuraŋ]
bij benadering (bn)	lebih kurang	[lɛbih kuraŋ]
bijna (bw)	hampir	[hampir]
rest (de)	yang lain	[jaŋ lajn]
de andere (tweede)	kedua	[kɛdua]
ander (bn)	lain	[lajn]
elk (bn)	setiap	[sɛtiap]
om het even welk	sebarang	[sɛbaraŋ]
veel (grote hoeveelheid)	ramai, banyak	[ramaj], [banjak]
veel mensen	ramai orang	[ramaj oraŋ]
iedereen (alle personen)	semua	[sɛmua]
in ruil voor ...	sebagai pertukaran untuk	[sɛbagaj pɛrtukaran untuk]
in ruil (bw)	sebagai tukaran	[sɛbagaj tukaran]
met de hand (bw)	dengan tangan	[dɛŋan taŋan]
onwaarschijnlijk (bw)	mustahil	[mustahil]
waarschijnlijk (bw)	mungkin	[muŋkin]
met opzet (bw)	sengaja	[sɛŋadʒa]
toevallig (bw)	tidak sengaja	[tidak sɛŋadʒa]
zeer (bw)	sangat	[saŋat]
bijvoorbeeld (bw)	misalnya	[misalnja]
tussen (~ twee steden)	antara	[antara]
tussen (te midden van)	di antara	[di antara]
zoveel (bw)	seberapa ini	[sɛbrapa ini]
vooral (bw)	terutama	[tɛrutama]

GETALLEN. DIVERSEN

7. Kardinale getallen. Deel 1

nul	sifar	[sifar]
een	satu	[satu]
twee	dua	[dua]
drie	tiga	[tiga]
vier	empat	[ɛmpat]
vijf	lima	[lima]
zes	enam	[ɛnam]
zeven	tujuh	[tudʒuh]
acht	lapan	[lapan]
negen	sembilan	[sɛmbilan]
tien	sepuluh	[sɛpuluh]
elf	sebelas	[sɛblas]
twaalf	dua belas	[dua blas]
dertien	tiga belas	[tiga blas]
veertien	empat belas	[ɛmpat blas]
vijftien	lima belas	[lima blas]
zestien	enam belas	[ɛnam blas]
zeventien	tujuh belas	[tudʒuh blas]
achttien	lapan belas	[lapan blas]
negentien	sembilan belas	[sɛmbilan blas]
twintig	dua puluh	[dua puluh]
eenentwintig	dua puluh satu	[dua puluh satu]
tweeëntwintig	dua puluh dua	[dua puluh dua]
drieëntwintig	dua puluh tiga	[dua puluh tiga]
dertig	tiga puluh	[tiga puluh]
eenendertig	tiga puluh satu	[tiga puluh satu]
tweeëndertig	tiga puluh dua	[tiga puluh dua]
drieëndertig	tiga puluh tiga	[tiga puluh tiga]
veertig	empat puluh	[ɛmpat puluh]
eenenveertig	empat puluh satu	[ɛmpat puluh satu]
tweeënveertig	empat puluh dua	[ɛmpat puluh dua]
drieënveertig	empat puluh tiga	[ɛmpat puluh tiga]
vijftig	lima puluh	[lima puluh]
eenenvijftig	lima puluh satu	[lima puluh satu]
tweeënvijftig	lima puluh dua	[lima puluh dua]
drieënvijftig	lima puluh tiga	[lima puluh tiga]
zestig	enam puluh	[ɛnam puluh]
eenenzestig	enam puluh satu	[ɛnam puluh satu]

| tweeënzestig | enam puluh dua | [ɛnam puluh dua] |
| drieënzestig | enam puluh tiga | [ɛnam puluh tiga] |

zeventig	tujuh puluh	[tudʒuh puluh]
eenenzeventig	tujuh puluh satu	[tudʒuh puluh satu]
tweeënzeventig	tujuh puluh dua	[tudʒuh puluh dua]
drieënzeventig	tujuh puluh tiga	[tudʒuh puluh tiga]

tachtig	lapan puluh	[lapan puluh]
eenentachtig	lapan puluh satu	[lapan puluh satu]
tweeëntachtig	lapan puluh dua	[lapan puluh dua]
drieëntachtig	lapan puluh tiga	[lapan puluh tiga]

negentig	sembilan puluh	[sɛmbilan puluh]
eenennegentig	sembulan puluh satu	[sɛmbulan puluh satu]
tweeënnegentig	sembilan puluh dua	[sɛmbilan puluh dua]
drieënnegentig	sembilan puluh tiga	[ɛembilan puluh tiga]

8. Kardinale getallen. Deel 2

honderd	seratus	[sɛratus]
tweehonderd	dua ratus	[dua ratus]
driehonderd	tiga ratus	[tiga ratus]
vierhonderd	empat ratus	[ɛmpat ratus]
vijfhonderd	lima ratus	[lima ratus]

zeshonderd	enam ratus	[ɛnam ratus]
zevenhonderd	tujuh ratus	[tudʒuh ratus]
achthonderd	lapan ratus	[lapan ratus]
negenhonderd	sembilan ratus	[sɛmbilan ratus]

duizend	seribu	[sɛribu]
tweeduizend	dua ribu	[dua ribu]
drieduizend	tiga ribu	[tiga ribu]
tienduizend	sepuluh ribu	[sɛpuluh ribu]
honderdduizend	seratus ribu	[sɛratus ribu]
miljoen (het)	juta	[dʒuta]
miljard (het)	billion	[billion]

9. Ordinale getallen

eerste (bn)	pertama	[pɛrtama]
tweede (bn)	kedua	[kɛdua]
derde (bn)	ketiga	[kɛtiga]
vierde (bn)	keempat	[kɛɛmpat]
vijfde (bn)	kelima	[kɛlima]

zesde (bn)	keenam	[kɛɛnam]
zevende (bn)	ketujuh	[kɛtudʒuh]
achtste (bn)	kelapan	[kɛlapan]
negende (bn)	kesembilan	[kɛsɛmbilan]
tiende (bn)	kesepuluh	[kɛsɛpuluh]

KLEUREN. MEETEENHEDEN

10. Kleuren

kleur (de)	warna	[varna]
tint (de)	sisip warna	[sisip varna]
kleurnuance (de)	warna	[varna]
regenboog (de)	pelangi	[pɛlaŋi]
wit (bn)	putih	[putih]
zwart (bn)	hitam	[hitam]
grijs (bn)	abu-abu	[abu abu]
groen (bn)	hijau	[hidʒau]
geel (bn)	kuning	[kuniŋ]
rood (bn)	merah	[merah]
blauw (bn)	biru	[biru]
lichtblauw (bn)	biru muda	[biru muda]
roze (bn)	merah jambu	[merah dʒambu]
oranje (bn)	oren, jingga	[oren], [dʒiŋga]
violet (bn)	ungu	[uŋu]
bruin (bn)	coklat	[ʧoklat]
goud (bn)	emas	[ɛmas]
zilverkleurig (bn)	keperak-perakan	[kɛperak perakan]
beige (bn)	kuning air	[kuniŋ air]
roomkleurig (bn)	putih kuning	[putih kuniŋ]
turkoois (bn)	firus	[firus]
kersrood (bn)	merah ceri	[merah ʧeri]
lila (bn)	ungu	[uŋu]
karmijnrood (bn)	merah lembayung	[merah lɛmbajuŋ]
licht (bn)	terang	[tɛraŋ]
donker (bn)	gelap	[glap]
fel (bn)	berkilau	[bɛrkilau]
kleur-, kleurig (bn)	berwarna	[bɛrvarna]
kleuren- (abn)	berwarna	[bɛrvarna]
zwart-wit (bn)	hitam-putih	[hitam putih]
eenkleurig (bn)	polos	[polos]
veelkleurig (bn)	beraneka warna	[bɛraneka varna]

11. Meeteenheden

| gewicht (het) | berat | [brat] |
| lengte (de) | panjang | [pandʒaŋ] |

breedte (de)	kelebaran	[kɛlebaran]
hoogte (de)	ketinggian	[kɛtiŋgian]
diepte (de)	kedalaman	[kɛdalaman]
volume (het)	isi padu	[isi padu]
oppervlakte (de)	luas	[luas]

gram (het)	gram	[gram]
milligram (het)	miligram	[miligram]
kilogram (het)	kilogram	[kilogram]
ton (duizend kilo)	tan	[tan]
pond (het)	paun	[paun]
ons (het)	auns	[auns]

meter (de)	meter	[metɛr]
millimeter (de)	milimeter	[milimetɛr]
centimeter (de)	sentimeter	[sentimetɛr]
kilometer (de)	kilometer	[kilometɛr]
mijl (de)	batu	[batu]

duim (de)	inci	[intʃi]
voet (de)	kaki	[kaki]
yard (de)	ela	[ela]

vierkante meter (de)	meter persegi	[metɛr pɛrsɛgi]
hectare (de)	hektar	[hektar]

liter (de)	liter	[litɛr]
graad (de)	darjah	[dardʒah]
volt (de)	volt	[volt]
ampère (de)	ampere	[amperɛ]
paardenkracht (de)	kuasa kuda	[kuasa kuda]

hoeveelheid (de)	kuantiti	[kuantiti]
een beetje …	sedikit	[sɛdikit]
helft (de)	setengah	[sɛtɛŋah]
dozijn (het)	dozen	[dozen]
stuk (het)	buah	[buah]

afmeting (de)	saiz, ukuran	[sajz], [ukuran]
schaal (bijv. ~ van 1 op 50)	skala	[skala]

minimaal (bn)	minimum	[minimum]
minste (bn)	terkecil	[tɛrkɛtʃil]
medium (bn)	sederhana	[sɛdɛrhana]
maximaal (bn)	maksimum	[maksimum]
grootste (bn)	terbesar	[tɛrbɛsar]

12. Containers

glazen pot (de)	balang	[balaŋ]
blik (conserven~)	tin	[tin]
emmer (de)	baldi	[baldi]
ton (bijv. regenton)	tong	[toŋ]
ronde waterbak (de)	besen	[besen]

tank (bijv. watertank-70-ltr)	tangki	[taŋki]
heupfles (de)	kelalang, flask	[kɛlalaŋ], [flask]
jerrycan (de)	tin	[tin]
tank (bijv. ketelwagen)	tangki	[taŋki]

beker (de)	koleh	[koleh]
kopje (het)	cawan	[ʧavan]
schoteltje (het)	alas cawan	[alas ʧavan]
glas (het)	gelas	[glas]
wijnglas (het)	gelas	[glas]
pan (de)	periuk	[priuk]

| fles (de) | botol | [botol] |
| flessenhals (de) | leher | [leher] |

karaf (de)	serahi	[sɛrahi]
kruik (de)	kendi	[kɛndi]
vat (het)	bekas	[bɛkas]
pot (de)	belanga	[bɛlaŋa]
vaas (de)	vas	[vas]

flacon (de)	botol	[botol]
flesje (het)	buli-buli	[buli buli]
tube (bijv. ~ tandpasta)	tiub	[tiub]

zak (bijv. ~ aardappelen)	karung	[karuŋ]
tasje (het)	peket	[peket]
pakje (~ sigaretten, enz.)	kotak	[kotak]

doos (de)	kotak, peti	[kotak], [pɛti]
kist (de)	kotak	[kotak]
mand (de)	bakul	[bakul]

BELANGRIJKSTE WERKWOORDEN

13. De belangrijkste werkwoorden. Deel 1

aanbevelen (ww)	menasihatkan	[mɛnasihatkan]
aandringen (ww)	mendesak	[mɛndɛsak]
aankomen (per auto, enz.)	datang	[dataŋ]
aanraken (ww)	menyentuh	[mɛnjentuh]
adviseren (ww)	menasihatkan	[mɛnasihatkan]

afdalen (on.ww.)	turun	[turun]
afslaan (naar rechts ~)	membelok	[mɛmblok]
antwoorden (ww)	menjawab	[mɛndʒavab]
bang zijn (ww)	takut	[takut]
bedreigen (bijv. met een pistool)	mengugut	[mɛŋugut]

bedriegen (ww)	menipu	[mɛnipu]
beëindigen (ww)	menamatkan	[mɛnamatkan]
beginnen (ww)	memulakan	[mɛmulakan]
begrijpen (ww)	memahami	[mɛmahami]
beheren (managen)	memimpin	[mɛmimpin]

beledigen (met scheldwoorden)	menghina	[mɛŋɣina]
beloven (ww)	menjanji	[mɛndʒandʒi]
bereiden (koken)	memasak	[mɛmasak]
bespreken (spreken over)	membincangkan	[mɛmbintʃaŋkan]

bestellen (eten ~)	menempah	[mɛnɛmpah]
bestraffen (een stout kind ~)	menghukum	[mɛŋɣukum]
betalen (ww)	membayar	[mɛmbajar]
betekenen (beduiden)	bererti	[bɛrɛrti]
betreuren (ww)	terkilan	[tɛrkilan]

bevallen (prettig vinden)	suka	[suka]
bevelen (mil.)	memerintah	[mɛmɛrintah]
bevrijden (stad, enz.)	membebaskan	[mɛmbebaskan]
bewaren (ww)	menyimpan	[mɛnjimpan]
bezitten (ww)	memiliki	[mɛmiliki]

bidden (praten met God)	bersembahyang	[bɛrsɛmbahjaŋ]
binnengaan (een kamer ~)	masuk	[masuk]
breken (ww)	memecahkan	[mɛmɛtʃahkan]
controleren (ww)	mengawal	[mɛŋaval]
creëren (ww)	menciptakan	[mɛntʃiptakan]

deelnemen (ww)	menyertai	[mɛnjertai]
denken (ww)	berfikir	[bɛrfikir]
doden (ww)	membunuh	[mɛmbunuh]

| doen (ww) | membuat | [mɛmbuat] |
| dorst hebben (ww) | haus | [haus] |

14. De belangrijkste werkwoorden. Deel 2

een hint geven	memberi bayangan	[mɛmbri bajaŋan]
eisen (met klem vragen)	menuntut	[mɛnuntut]
excuseren (vergeven)	memaafkan	[mɛmaafkan]
existeren (bestaan)	wujud	[vudʒud]
gaan (te voet)	berjalan	[bɛrdʒalan]

gaan zitten (ww)	duduk	[duduk]
gaan zwemmen	mandi	[mandi]
geven (ww)	memberi	[mɛmbri]
glimlachen (ww)	senyum	[sɛnjum]
goed raden (ww)	meneka	[mɛnɛka]

grappen maken (ww)	berjenaka	[bɛrdʒɛnaka]
graven (ww)	menggali	[mɛŋgali]
hebben (ww)	mempunyai	[mɛmpunjai]
helpen (ww)	membantu	[mɛmbantu]
herhalen (opnieuw zeggen)	mengulang	[mɛŋulaŋ]
honger hebben (ww)	lapar	[lapar]

hopen (ww)	harap	[harap]
horen (waarnemen met het oor)	mendengar	[mɛndɛŋar]
huilen (wenen)	menangis	[mɛnaŋis]
huren (huis, kamer)	menyewa	[mɛnjeva]
informeren (informatie geven)	memberitahu	[mɛmbritahu]
instemmen (akkoord gaan)	setuju	[sɛtudʒu]
jagen (ww)	memburu	[mɛmburu]
kennen (kennis hebben van iemand)	kenal	[kɛnal]
kiezen (ww)	memilih	[mɛmilih]
klagen (ww)	mengadu	[mɛŋadu]

kosten (ww)	berharga	[bɛrharga]
kunnen (ww)	boleh	[bole]
lachen (ww)	ketawa	[kɛtava]
laten vallen (ww)	tercicir	[tɛrtʃitʃir]
lezen (ww)	membaca	[mɛmbatʃa]

liefhebben (ww)	mencintai	[mɛntʃintai]
lunchen (ww)	makan tengah hari	[makan tɛŋah hari]
nemen (ww)	mengambil	[mɛŋambil]
nodig zijn (ww)	diperlukan	[dipɛrlukan]

15. De belangrijkste werkwoorden. Deel 3

| onderschatten (ww) | memperkecilkan | [mɛmpɛrkɛtʃilkan] |
| ondertekenen (ww) | menandatangani | [mɛnandataŋani] |

ontbijten (ww)	makan pagi	[makan pagi]
openen (ww)	membuka	[mɛmbuka]
ophouden (ww)	memberhentikan	[mɛmbɛrhɛntikan]
opmerken (zien)	memerhatikan	[mɛmɛrhatikan]

opscheppen (ww)	bercakap besar	[bɛrtʃakap bɛsar]
opschrijven (ww)	mencatat	[mɛntʃatat]
plannen (ww)	merancang	[mɛrantʃaŋ]
prefereren (verkiezen)	lebih suka	[lɛbih suka]
proberen (trachten)	mencuba	[mɛntʃuba]
redden (ww)	menyelamatkan	[mɛnjelamatkan]

rekenen op ...	mengharapkan	[mɛŋɣarapkan]
rennen (ww)	lari	[lari]
reserveren	menempah	[mɛnɛmpah]
(een hotelkamer ~)		
roepen (om hulp)	memanggil	[mɛmaŋgil]
schieten (ww)	menembak	[mɛnembak]
schreeuwen (ww)	berteriak	[bɛrtɛriak]

schrijven (ww)	menulis	[mɛnulis]
souperen (ww)	makan malam	[makan malam]
spelen (kinderen)	bermain	[bɛrmajn]
spreken (ww)	bercakap	[bɛrtʃakap]
stelen (ww)	mencuri	[mɛntʃuri]
stoppen (pauzeren)	berhenti	[bɛrhɛnti]

studeren (Nederlands ~)	mempelajari	[mɛmpɛladʒari]
sturen (zenden)	mengirim	[mɛŋirim]
tellen (optellen)	menghitung	[mɛŋɣituŋ]
toebehoren aan ...	kepunyaan	[kɛpunjaan]
toestaan (ww)	mengizinkan	[mɛŋiziŋkan]
tonen (ww)	menunjukkan	[mɛnundʒukkan]

twijfelen (onzeker zijn)	ragu-ragu	[ragu ragu]
uitgaan (ww)	keluar	[kɛluar]
uitnodigen (ww)	menjemput	[mɛndʒɛmput]
uitspreken (ww)	menyebut	[mɛnjebut]
uitvaren tegen (ww)	memarahi	[mɛmarahi]

16. De belangrijkste werkwoorden. Deel 4

vallen (ww)	jatuh	[dʒatuh]
vangen (ww)	menangkap	[mɛnaŋkap]
veranderen (anders maken)	mengubah	[mɛŋubah]
verbaasd zijn (ww)	hairan	[hajran]
verbergen (ww)	menyorokkan	[mɛnjorokkan]

verdedigen (je land ~)	membela	[mɛmbɛla]
verenigen (ww)	menyatukan	[mɛnjatukan]
vergelijken (ww)	membandingkan	[mɛmbandiŋkan]
vergeten (ww)	melupakan	[mɛlupakan]
vergeven (ww)	memaafkan	[mɛmaafkan]
verklaren (uitleggen)	menjelaskan	[mɛndʒɛlaskan]

verkopen (per stuk ~)	menjual	[mɛndʒual]
vermelden (praten over)	menyebut	[mɛnjebut]
versieren (decoreren)	menghiasi	[mɛŋɣiasi]
vertalen (ww)	menterjemahkan	[mɛntɛrdʒɛmahkan]

vertrouwen (ww)	mempercayai	[mɛmpɛrtʃajai]
vervolgen (ww)	meneruskan	[mɛnɛruskan]
verwarren (met elkaar ~)	mengelirukan	[mɛŋɛlirukan]
verzoeken (ww)	meminta	[mɛminta]
verzuimen (school, enz.)	meninggalkan	[mɛniŋgalkan]

vinden (ww)	menemui	[mɛnɛmui]
vliegen (ww)	terbang	[tɛrbaŋ]
volgen (ww)	mengikuti	[mɛŋikuti]
voorstellen (ww)	mencadangkan	[mɛntʃadaŋkan]
voorzien (verwachten)	menjangkakan	[mɛndʒaŋkakan]
vragen (ww)	menyoal	[mɛnjoal]

waarnemen (ww)	menyaksikan	[mɛnjaksikan]
waarschuwen (ww)	memperingati	[mɛmpɛriŋati]
wachten (ww)	menunggu	[mɛnuŋgu]
weerspreken (ww)	membantah	[mɛmbantah]
weigeren (ww)	menolak	[mɛnolak]

werken (ww)	bekerja	[bɛkɛrdʒa]
weten (ww)	tahu	[tahu]
willen (verlangen)	mahu, hendak	[mahu], [hɛndak]
zeggen (ww)	berkata	[bɛrkata]
zich haasten (ww)	tergesa-gesa	[tɛrgɛsa gɛsa]

zich interesseren voor ...	menaruh minat	[mɛnaruh minat]
zich vergissen (ww)	salah	[salah]
zich verontschuldigen	minta maaf	[minta maaf]
zien (ww)	melihat	[mɛlihat]
zijn (leraar ~)	ialah	[ialah]

zijn (op dieet ~)	sedang	[sɛdaŋ]
zoeken (ww)	mencari	[mɛntʃari]
zwemmen (ww)	berenang	[bɛrɛnaŋ]
zwijgen (ww)	diam	[diam]

TIJD. KALENDER

17. Dagen van de week

maandag (de)	Hari Isnin	[hari isnin]
dinsdag (de)	Hari Selasa	[hari sɛlasa]
woensdag (de)	Hari Rabu	[hari rabu]
donderdag (de)	Hari Khamis	[hari kamis]
vrijdag (de)	Hari Jumaat	[hari dʒumaat]
zaterdag (de)	Hari Sabtu	[hari sabtu]
zondag (de)	Hari Ahad	[hari ahad]
vandaag (bw)	hari ini	[hari ini]
morgen (bw)	besok	[besok]
overmorgen (bw)	besok lusa	[besok lusa]
gisteren (bw)	semalam	[sɛmalam]
eergisteren (bw)	kelmarin	[kɛlmarin]
dag (de)	hari	[hari]
werkdag (de)	hari kerja	[hari kɛrdʒa]
feestdag (de)	cuti umum	[ʧuti umum]
verlofdag (de)	hari kelepasan	[hari kɛlɛpasan]
weekend (het)	hujung minggu	[hudʒuŋ miŋgu]
de hele dag (bw)	seluruh hari	[sɛluruh hari]
de volgende dag (bw)	pada hari berikutnya	[pada hari bɛrikutnja]
twee dagen geleden	dua hari lepas	[dua hari lɛpas]
aan de vooravond (bw)	menjelang	[mɛndʒɛlaŋ]
dag-, dagelijks (bn)	harian	[harian]
elke dag (bw)	setiap hari	[sɛtiap hari]
week (de)	minggu	[miŋgu]
vorige week (bw)	pada minggu lepas	[pada miŋgu lɛpas]
volgende week (bw)	pada minggu berikutnya	[pada miŋgu bɛrikutnja]
wekelijks (bn)	mingguan	[miŋguan]
elke week (bw)	setiap minggu	[sɛtiap miŋgu]
twee keer per week	dua kali seminggu	[dua kali sɛmiŋgu]
elke dinsdag	setiap Hari Selasa	[sɛtiap hari sɛlasa]

18. Uren. Dag en nacht

morgen (de)	pagi	[pagi]
's morgens (bw)	pagi hari	[pagi hari]
middag (de)	tengah hari	[tɛŋah hari]
's middags (bw)	petang hari	[pɛtaŋ hari]
avond (de)	petang, malam	[pɛtaŋ], [malam]
's avonds (bw)	pada waktu petang	[pada vaktu pɛtaŋ]

nacht (de)	malam	[malam]
's nachts (bw)	pada malam	[pada malam]
middernacht (de)	tengah malam	[tɛŋah malam]

seconde (de)	saat	[saat]
minuut (de)	minit	[minit]
uur (het)	jam	[dʒam]
halfuur (het)	separuh jam	[sɛparuh dʒam]
kwartier (het)	suku jam	[suku dʒam]
vijftien minuten	lima belas minit	[lima blas minit]
etmaal (het)	siang malam	[siaŋ malam]

zonsopgang (de)	matahari terbit	[matahari tɛrbit]
dageraad (de)	subuh	[subuh]
vroege morgen (de)	awal pagi	[aval pagi]
zonsondergang (de)	matahari terbenam	[matahari tɛrbɛnam]

's morgens vroeg (bw)	pagi-pagi	[pagi pagi]
vanmorgen (bw)	pagi ini	[pagi ini]
morgenochtend (bw)	besok pagi	[bɛsok pagi]

vanmiddag (bw)	petang ini	[pɛtaŋ ini]
's middags (bw)	petang hari	[pɛtaŋ hari]
morgenmiddag (bw)	besok petang	[besok pɛtaŋ]

| vanavond (bw) | petang ini | [pɛtaŋ ini] |
| morgenavond (bw) | besok malam | [besok malam] |

klokslag drie uur	pukul 3 tepat	[pukul tiga tɛpat]
ongeveer vier uur	sekitar pukul 4	[sɛkitar pukul ɛmpat]
tegen twaalf uur	sampai pukul 12	[sampaj pukul dua blas]

over twintig minuten	selepas 20 minit	[sɛlɛpas dua puluh minit]
over een uur	selepas satu jam	[sɛlɛpas satu dʒam]
op tijd (bw)	tepat pada masanya	[tɛpat pada masanja]

kwart voor ...	kurang suku	[kuraŋ suku]
binnen een uur	selama sejam	[sɛlama sɛdʒam]
elk kwartier	setiap 15 minit	[sɛtiap lima blas minit]
de klok rond	siang malam	[siaŋ malam]

19. Maanden. Seizoenen

januari (de)	Januari	[dʒanuari]
februari (de)	Februari	[februari]
maart (de)	Mac	[matʃ]
april (de)	April	[april]
mei (de)	Mei	[mej]
juni (de)	Jun	[dʒun]

juli (de)	Julai	[dʒulaj]
augustus (de)	Ogos	[ogos]
september (de)	September	[septembɛr]
oktober (de)	Oktober	[oktobɛr]

| november (de) | November | [novembɛr] |
| december (de) | Disember | [disembɛr] |

lente (de)	musim bunga	[musim buŋa]
in de lente (bw)	pada musim bunga	[pada musim buŋa]
lente- (abn)	musim bunga	[musim buŋa]

zomer (de)	musim panas	[musim panas]
in de zomer (bw)	pada musim panas	[pada musim panas]
zomer-, zomers (bn)	musim panas	[musim panas]

herfst (de)	musim gugur	[musim gugur]
in de herfst (bw)	pada musim gugur	[pada musim gugur]
herfst- (abn)	musim gugur	[musim gugur]

winter (de)	musim sejuk	[musim sɛdʒuk]
in de winter (bw)	pada musim sejuk	[pada musim sɛdʒuk]
winter- (abn)	musim sejuk	[musim sɛdʒuk]

maand (de)	bulan	[bulan]
deze maand (bw)	pada bulan ini	[pada bulan ini]
volgende maand (bw)	pada bulan berikutnya	[pada bulan bɛrikutnja]
vorige maand (bw)	pada bulan yang lepas	[pada bulan jaŋ lɛpas]

een maand geleden (bw)	sebulan lepas	[sɛbulan lɛpas]
over een maand (bw)	selepas satu bulan	[sɛlɛpas satu bulan]
over twee maanden (bw)	selepas 2 bulan	[sɛlɛpas dua bulan]
de hele maand (bw)	seluruh bulan	[sɛluruh bulan]
een volle maand (bw)	seluruh bulan	[sɛluruh bulan]

maand-, maandelijks (bn)	bulanan	[bulanan]
maandelijks (bw)	setiap bulan	[sɛtiap bulan]
elke maand (bw)	setiap bulan	[sɛtiap bulan]
twee keer per maand	dua kali sebulan	[dua kali sɛbulan]

jaar (het)	tahun	[tahun]
dit jaar (bw)	pada tahun ini	[pada tahun ini]
volgend jaar (bw)	pada tahun berikutnya	[pada tahun bɛrikutnja]
vorig jaar (bw)	pada tahun yang lepas	[pada tahun jaŋ lɛpas]

een jaar geleden (bw)	setahun lepas	[setahun lɛpas]
over een jaar	selepas satu tahun	[sɛlɛpas satu tahun]
over twee jaar	selepas 2 tahun	[sɛlɛpas dua tahun]
het hele jaar	seluruh tahun	[sɛluruh tahun]
een vol jaar	seluruh tahun	[sɛluruh tahun]

elk jaar	setiap tahun	[sɛtiap tahun]
jaar-, jaarlijks (bn)	tahunan	[tahunan]
jaarlijks (bw)	setiap tahun	[sɛtiap tahun]
4 keer per jaar	empat kali setahun	[ɛmpat kali sɛtahun]

datum (de)	tarikh	[tarih]
datum (de)	tarikh	[tarih]
kalender (de)	takwim	[takvim]
een half jaar	separuh tahun	[sɛparuh tahun]
zes maanden	separuh tahun	[sɛparuh tahun]

| seizoen (bijv. lente, zomer) | musim | [musim] |
| eeuw (de) | abad | [abad] |

REIZEN. HOTEL

20. Trip. Reizen

toerisme (het)	pelancongan	[pɛlantʃoŋan]
toerist (de)	pelancong	[pɛlantʃoŋ]
reis (de)	pengembaraan	[pɛŋɛmbaraan]
avontuur (het)	petualangan	[pɛtualaŋan]
tocht (de)	lawatan	[lavatan]
vakantie (de)	cuti	[tʃuti]
met vakantie zijn	bercuti	[bɛrtʃuti]
rust (de)	rehat	[rehat]
trein (de)	kereta api	[kreta api]
met de trein	naik kereta api	[naik kreta api]
vliegtuig (het)	kapal terbang	[kapal tɛrbaŋ]
met het vliegtuig	naik kapal terbang	[naik kapal tɛrbaŋ]
met de auto	naik kereta	[naik kreta]
per schip (bw)	naik kapal	[naik kapal]
bagage (de)	bagasi	[bagasi]
valies (de)	beg pakaian	[beg pakajan]
bagagekarretje (het)	troli bagasi	[troli bagasi]
paspoort (het)	pasport	[pasport]
visum (het)	visa	[visa]
kaartje (het)	tiket	[tiket]
vliegticket (het)	tiket kapal terbang	[tiket kapal tɛrbaŋ]
reisgids (de)	buku panduan pelancongan	[buku panduan pɛlantʃoŋan]
kaart (de)	peta	[pɛta]
gebied (landelijk ~)	kawasan	[kavasan]
plaats (de)	tempat duduk	[tɛmpat duduk]
exotische bestemming (de)	keeksotikan	[kɛeksotikan]
exotisch (bn)	eksotik	[eksotik]
verwonderlijk (bn)	menakjubkan	[mɛnakdʒubkan]
groep (de)	kumpulan	[kumpulan]
rondleiding (de)	darmawisata	[darmavisata]
gids (de)	pemandu pelancong	[pɛmandu pɛlantʃoŋ]

21. Hotel

hotel (het)	hotel	[hotel]
motel (het)	motel	[motel]

3-sterren	tiga bintang	[tiga bintaŋ]
5-sterren	lima bintang	[lima bintaŋ]
overnachten (ww)	menumpang	[mɛnumpaŋ]

kamer (de)	bilik	[bilik]
eenpersoonskamer (de)	bilik untuk satu orang	[bilik untuk satu oraŋ]
tweepersoonskamer (de)	bilik kelamin	[bilik kɛlamin]
een kamer reserveren	menempah bilik	[mɛnempah bilik]

halfpension (het)	penginapan tanpa makanan	[pɛŋinapan tanpa makanan]
volpension (het)	penginapan dengan makanan	[pɛŋinapan dɛŋan makanan]

met badkamer	dengan tab mandi	[dɛŋan tab mandi]
met douche	dengan pancaran air	[dɛŋan pantʃaran air]
satelliet-tv (de)	televisyen satelit	[televiʃɛn satɛlit]
airconditioner (de)	penghawa dingin	[pɛŋyava diŋin]
handdoek (de)	tuala	[tuala]
sleutel (de)	kunci	[kuntʃi]

administrateur (de)	pentadbir	[pɛntadbir]
kamermeisje (het)	pengemas rumah	[pɛŋɛmas rumah]
piccolo (de)	porter	[portɛr]
portier (de)	penjaga pintu	[pɛndʒaga pintu]

restaurant (het)	restoran	[restoran]
bar (de)	bar	[bar]
ontbijt (het)	makan pagi	[makan pagi]
avondeten (het)	makan malam	[makan malam]
buffet (het)	jamuan berselerak	[dʒamuan bɛrsɛlerak]

hal (de)	ruang legar	[ruaŋ legar]
lift (de)	lif	[lif]

NIET STOREN	JANGAN MENGGANGGU	[dʒaŋan mɛŋgaŋgu]
VERBODEN TE ROKEN!	DILARANG MEROKOK!	[dilaraŋ mɛrokok]

22. Bezienswaardigheden

monument (het)	tugu	[tugu]
vesting (de)	kubu	[kubu]
paleis (het)	istana	[istana]
kasteel (het)	istana kota	[istana kota]
toren (de)	menara	[mɛnara]
mausoleum (het)	mausoleum	[mausoleum]

architectuur (de)	seni bina	[sɛni bina]
middeleeuws (bn)	abad pertengahan	[abad pɛrtɛŋahan]
oud (bn)	kuno	[kuno]
nationaal (bn)	nasional	[nasional]
bekend (bn)	terkenal	[tɛrkɛnal]

toerist (de)	pelancong	[pɛlantʃoŋ]
gids (de)	pemandu	[pɛmandu]

rondleiding (de)	darmawisata	[darmavisata]
tonen (ww)	menunjukkan	[mɛnundʒukkan]
vertellen (ww)	menceritakan	[mɛntʃɛritakan]
vinden (ww)	mendapati	[mɛndapati]
verdwalen (de weg kwijt zijn)	kehilangan	[kɛhilaŋan]
plattegrond (~ van de metro)	peta	[pɛta]
plattegrond (~ van de stad)	pelan	[plan]
souvenir (het)	cenderamata	[tʃɛndramata]
souvenirwinkel (de)	kedai cenderamata	[kedaj tʃɛndramata]
foto's maken	mengambil gambar	[mɛŋambil gambar]
zich laten fotograferen	bergambar	[bɛrgambar]

VERVOER

23. Vliegveld

luchthaven (de)	lapangan terbang	[lapaŋan tɛrbaŋ]
vliegtuig (het)	kapal terbang	[kapal tɛrbaŋ]
luchtvaartmaatschappij (de)	syarikat penerbangan	[ɕarikat pɛnɛrbaŋan]
luchtverkeersleider (de)	pengawal lalu lintas udara	[pɛŋaval lalu lintas udara]
vertrek (het)	berlepas	[bɛrlɛpas]
aankomst (de)	ketibaan	[kɛtibaan]
aankomen (per vliegtuig)	tiba	[tiba]
vertrektijd (de)	waktu berlepas	[vaktu bɛrlɛpas]
aankomstuur (het)	waktu ketibaan	[vaktu kɛtibaan]
vertraagd zijn (ww)	terlewat	[tɛrlevat]
vluchtvertraging (de)	kelewatan penerbangan	[kelevatan pɛnɛrbaŋan]
informatiebord (het)	skrin paparan maklumat	[skrin paparan maklumat]
informatie (de)	maklumat	[maklumat]
aankondigen (ww)	mengumumkan	[mɛŋumumkan]
vlucht (bijv. KLM ~)	penerbangan	[pɛnɛrbaŋan]
douane (de)	kastam	[kastam]
douanier (de)	anggota kastam	[aŋgota kastam]
douaneaangifte (de)	ikrar kastam	[ikrar kastam]
invullen (douaneaangifte ~)	mengisi	[mɛŋisi]
een douaneaangifte invullen	mengisi ikrar kastam	[mɛŋisi ikrar kastam]
paspoortcontrole (de)	pemeriksaan pasport	[pɛmɛriksaan pasport]
bagage (de)	bagasi	[bagasi]
handbagage (de)	bagasi tangan	[bagasi taŋan]
bagagekarretje (het)	troli	[troli]
landing (de)	pendaratan	[pɛndaratan]
landingsbaan (de)	jalur mendarat	[dʒalur mɛndarat]
landen (ww)	mendarat	[mɛndarat]
vliegtuigtrap (de)	tangga kapal terbang	[taŋga kapal tɛrbaŋ]
inchecken (het)	pendaftaran	[pɛndaftaran]
incheckbalie (de)	kaunter daftar masuk	[kaunter daftar masuk]
inchecken (ww)	berdaftar	[bɛrdaftar]
instapkaart (de)	pas masuk	[pas masuk]
gate (de)	pintu berlepas	[pintu bɛrlɛpas]
transit (de)	transit	[transit]
wachten (ww)	menunggu	[mɛnuŋgu]
wachtzaal (de)	balai menunggu	[balaj mɛnuŋgu]

31

| begeleiden (uitwuiven) | menghantarkan | [mɛŋɣantarkan] |
| afscheid nemen (ww) | minta diri | [minta diri] |

24. Vliegtuig

vliegtuig (het)	kapal terbang	[kapal tɛrbaŋ]
vliegticket (het)	tiket kapal terbang	[tiket kapal tɛrbaŋ]
luchtvaartmaatschappij (de)	syarikat penerbangan	[çarikat pɛnɛrbaŋan]
luchthaven (de)	lapangan terbang	[lapaŋan tɛrbaŋ]
supersonisch (bn)	supersonik	[supersonik]

gezagvoerder (de)	kapten kapal	[kaptɛn kapal]
bemanning (de)	anak buah	[anak buah]
piloot (de)	juruterbang	[dʒurutɛrbaŋ]
stewardess (de)	pramugari	[pramugari]
stuurman (de)	pemandu	[pɛmandu]

vleugels (mv.)	sayap	[sajap]
staart (de)	ekor	[ekor]
cabine (de)	kokpit	[kokpit]
motor (de)	enjin	[endʒin]
landingsgestel (het)	roda pendarat	[roda pɛndarat]
turbine (de)	turbin	[turbin]
propeller (de)	baling-baling	[baliŋ baliŋ]
zwarte doos (de)	kotak hitam	[kotak hitam]
stuur (het)	kemudi	[kɛmudi]
brandstof (de)	bahan bakar	[bahan bakar]

veiligheidskaart (de)	kad keselamatan	[kad kɛsɛlamatan]
zuurstofmasker (het)	topeng oksigen	[topeŋ oksigɛn]
uniform (het)	pakaian seragam	[pakaian sɛragam]
reddingsvest (de)	jaket keselamatan	[dʒaket kɛsɛlamatan]
parachute (de)	payung terjun	[pajuŋ tɛrdʒun]
opstijgen (het)	berlepas	[bɛrlɛpas]
opstijgen (ww)	berlepas	[bɛrlɛpas]
startbaan (de)	landasan berlepas	[landasan bɛrlɛpas]

zicht (het)	darjah penglihatan	[dardʒah pɛŋlihatan]
vlucht (de)	penerbangan	[pɛnɛrbaŋan]
hoogte (de)	ketinggian	[kɛtiŋgian]
luchtzak (de)	lubang udara	[lubaŋ udara]

plaats (de)	tempat duduk	[tɛmpat duduk]
koptelefoon (de)	pendengar telinga	[pɛndɛŋar tɛliŋa]
tafeltje (het)	meja lipat	[medʒa lipat]
venster (het)	tingkap kapal terbang	[tiŋkap kapal tɛrbaŋ]
gangpad (het)	laluan	[laluan]

25. Trein

| trein (de) | kereta api | [kreta api] |
| elektrische trein (de) | tren elektrik | [tren elektrik] |

sneltrein (de)	kereta api cepat	[kreta api ʧɛpat]
diesellocomotief (de)	lokomotif	[lokomotif]
stoomlocomotief (de)	kereta api	[kreta api]
rijtuig (het)	gerabak penumpang	[gɛrabak pɛnumpaŋ]
restauratierijtuig (het)	gerabak makan minum	[gɛrabak makan minum]
rails (mv.)	rel	[rel]
spoorweg (de)	jalan kereta api	[dʒalan kreta api]
dwarsligger (de)	kayu landas	[kaju landas]
perron (het)	platform	[platform]
spoor (het)	trek landasan	[trek landasan]
semafoor (de)	lampu isyarat	[lampu iɕarat]
halte (bijv. kleine treinhalte)	stesen	[stesen]
machinist (de)	pemandu kereta api	[pɛmandu kreta api]
kruier (de)	porter	[portɛr]
conducteur (de)	konduktor kereta api	[konduktor kreta api]
passagier (de)	penumpang	[pɛnumpaŋ]
controleur (de)	konduktor	[konduktor]
gang (in een trein)	koridor	[koridor]
noodrem (de)	brek kecemasan	[brek kɛʧɛmasan]
coupé (de)	petak gerabak	[petak gɛrabak]
bed (slaapplaats)	bangku	[baŋku]
bovenste bed (het)	bangku atas	[baŋku atas]
onderste bed (het)	bangku bawah	[baŋku bavah]
beddengoed (het)	linen	[linen]
kaartje (het)	tiket	[tiket]
dienstregeling (de)	jadual waktu	[dʒadual vaktu]
informatiebord (het)	paparan jadual	[paparan dʒadual]
vertrekken	berlepas	[bɛrlɛpas]
(De trein vertrekt ...)		
vertrek (ov. een trein)	perlepasan	[pɛrlɛpasan]
aankomen (ov. de treinen)	tiba	[tiba]
aankomst (de)	ketibaan	[kɛtibaan]
aankomen per trein	datang naik kereta api	[dataŋ naik kreta api]
in de trein stappen	naik kereta api	[naik kreta api]
uit de trein stappen	turun kereta api	[turun kreta api]
treinwrak (het)	kemalangan	[kɛmalaŋan]
ontspoord zijn	keluar rel	[kɛluar rel]
stoomlocomotief (de)	kereta api	[kreta api]
stoker (de)	tukang api	[tukaŋ api]
stookplaats (de)	tungku	[tuŋku]
steenkool (de)	arang	[araŋ]

33

26. Schip

schip (het)	kapal	[kapal]
vaartuig (het)	kapal	[kapal]
stoomboot (de)	kapal api	[kapal api]
motorschip (het)	kapal	[kapal]
lijnschip (het)	kapal laut	[kapal laut]
kruiser (de)	kapal penjelajah	[kapal pɛndʒɛladʒah]
jacht (het)	kapal persiaran	[kapal pɛrsiaran]
sleepboot (de)	kapal tunda	[kapal tunda]
duwbak (de)	tongkang	[toŋkaŋ]
ferryboot (de)	feri	[feri]
zeilboot (de)	kapal layar	[kapal lajar]
brigantijn (de)	kapal brigantine	[kapal brigantinɛ]
ijsbreker (de)	kapal pemecah ais	[kapal pɛmɛtʃah ajs]
duikboot (de)	kapal selam	[kapal sɛlam]
boot (de)	perahu	[prahu]
sloep (de)	sekoci	[sɛkotʃi]
reddingssloep (de)	sekoci penyelamat	[sɛkotʃi pɛnjelamat]
motorboot (de)	motobot	[motobot]
kapitein (de)	kapten	[kaptɛn]
zeeman (de)	kelasi	[kɛlasi]
matroos (de)	pelaut	[pɛlaut]
bemanning (de)	anak buah	[anak buah]
bootsman (de)	nakhoda	[naχoda]
scheepsjongen (de)	kadet kapal	[kadet kapal]
kok (de)	tukang masak	[tukaŋ masak]
scheepsarts (de)	doktor kapal	[doktor kapal]
dek (het)	dek	[dek]
mast (de)	tiang	[tiaŋ]
zeil (het)	layar	[lajar]
ruim (het)	palka	[palka]
voorsteven (de)	haluan	[haluan]
achtersteven (de)	buritan	[buritan]
roeispaan (de)	kayuh	[kajuh]
schroef (de)	baling-baling	[baliŋ baliŋ]
kajuit (de)	kabin, bilik	[kabin], [bilik]
officierskamer (de)	bilik pegawai kapal	[bilik pɛgavaj kapal]
machinekamer (de)	bilik enjin	[bilik endʒin]
brug (de)	anjungan kapal	[andʒuŋan kapal]
radiokamer (de)	bilik siaran radio	[bilik siaran radio]
radiogolf (de)	gelombang	[gɛlombaŋ]
logboek (het)	buku log	[buku log]
verrekijker (de)	teropong kecil	[tɛropoŋ kɛtʃil]
klok (de)	loceng	[lotʃeŋ]

vlag (de)	bendera	[bɛndera]
kabel (de)	tali	[tali]
knoop (de)	simpul	[simpul]

| leuning (de) | susur tangan | [susur taŋan] |
| trap (de) | tangga kapal | [taŋga kapal] |

anker (het)	sauh	[sauh]
het anker lichten	mengangkat sauh	[mɛŋaŋkat sauh]
het anker neerlaten	berlabuh	[bɛrlabuh]
ankerketting (de)	rantai sauh	[rantaj sauh]

haven (bijv. containerhaven)	pelabuhan	[pɛlabuhan]
kaai (de)	jeti	[dʒeti]
aanleggen (ww)	merapat	[mɛrapat]
wegvaren (ww)	berlepas	[bɛrlɛpas]

reis (de)	pengembaraan	[pɛŋɛmbaraan]
cruise (de)	pelayaran pesiaran	[pɛlajaran pɛsiaran]
koers (de)	haluan	[haluan]
route (de)	laluan	[laluan]

vaarwater (het)	aluran pelayaran	[aluran pɛlajaran]
zandbank (de)	beting	[bɛtiŋ]
stranden (ww)	karam	[karam]

storm (de)	badai	[badaj]
signaal (het)	peluit	[pɛluit]
zinken (ov. een boot)	tenggelam	[tɛŋgɛlam]
Man overboord!	Orang jatuh ke laut!	[oraŋ dʒatuh kɛ laut]
SOS (noodsignaal)	SOS	[sos]
reddingsboei (de)	pelambung keselamatan	[pɛlambuŋ kɛsɛlamatan]

STAD

27. Stedelijk vervoer

bus, autobus (de)	bas	[bas]
tram (de)	trem	[trem]
trolleybus (de)	bas elektrik	[bas elektrik]
route (de)	laluan	[laluan]
nummer (busnummer, enz.)	nombor	[nombor]
rijden met ...	naik	[naik]
stappen (in de bus ~)	naik	[naik]
afstappen (ww)	turun	[turun]
halte (de)	perhentian	[pɛrhɛntian]
volgende halte (de)	perhentian berikut	[pɛrhɛntian bɛrikut]
eindpunt (het)	perhentian akhir	[pɛrhɛntian aχir]
dienstregeling (de)	jadual waktu	[dʒadual vaktu]
wachten (ww)	menunggu	[mɛnuŋgu]
kaartje (het)	tiket	[tiket]
reiskosten (de)	harga tiket	[harga tiket]
kassier (de)	juruwang, kasyier	[dʒuruvaŋ], [kaʃier]
kaartcontrole (de)	pemeriksaan tiket	[pɛmɛriksaan tiket]
controleur (de)	konduktor	[konduktor]
te laat zijn (ww)	lambat	[lambat]
missen (de bus ~)	ketinggalan	[kɛtiŋgalan]
zich haasten (ww)	tergesa-gesa	[tɛrgɛsa gɛsa]
taxi (de)	teksi	[teksi]
taxichauffeur (de)	pemandu teksi	[pɛmandu teksi]
met de taxi (bw)	naik teksi	[naik tɛksi]
taxistandplaats (de)	perhentian teksi	[pɛrhɛntian teksi]
een taxi bestellen	memanggil teksi	[mɛmaŋgil teksi]
een taxi nemen	mengambil teksi	[mɛŋambil teksi]
verkeer (het)	lalu lintas, trafik	[lalu lintas], [trafik]
file (de)	kesesakan trafik	[kɛsɛsakan trafik]
spitsuur (het)	jam sibuk	[dʒam sibuk]
parkeren (on.ww.)	meletak kereta	[mɛlɛtak kreta]
parkeren (ov.ww.)	meletak	[mɛlɛtak]
parking (de)	tempat meletak	[tɛmpat mɛlɛtak]
metro (de)	LRT	[ɛl ar ti]
halte (bijv. kleine treinhalte)	stesen	[stesen]
de metro nemen	naik LRT	[naik ɛl ar ti]
trein (de)	kereta api, tren	[kreta api], [tren]
station (treinstation)	stesen kereta api	[stesen kreta api]

28. Stad. Het leven in de stad

stad (de)	bandar	[bandar]
hoofdstad (de)	ibu negara	[ibu nɛgara]
dorp (het)	kampung	[kampuŋ]
plattegrond (de)	pelan bandar	[plan bandar]
centrum (ov. een stad)	pusat bandar	[pusat bandar]
voorstad (de)	pinggir bandar	[piŋgir bandar]
voorstads- (abn)	pinggir bandar	[piŋgir bandar]
randgemeente (de)	pinggir	[piŋgir]
omgeving (de)	persekitaran	[pɛrɛekitaran]
blok (huizenblok)	blok	[blok]
woonwijk (de)	blok kediaman	[blok kɛdiaman]
verkeer (het)	lalu lintas, trafik	[lalu lintas], [trafik]
verkeerslicht (het)	lampu isyarat	[lampu iɕarat]
openbaar vervoer (het)	pengangkutan awam bandar	[pɛŋaŋkutan avam bandar]
kruispunt (het)	persimpangan	[pɛrsimpaŋan]
zebrapad (oversteekplaats)	lintasan pejalan kaki	[lintasan pɛdʒalan kaki]
onderdoorgang (de)	terowong pejalan kaki	[tɛrovoŋ pɛdʒalan kaki]
oversteken (de straat ~)	melintas	[mɛlintas]
voetganger (de)	pejalan kaki	[pɛdʒalan kaki]
trottoir (het)	kaki lima	[kaki lima]
brug (de)	jambatan	[dʒambatan]
dijk (de)	jalan tepi sungai	[dʒalan tɛpi suŋaj]
fontein (de)	pancutan air	[pantʃutan air]
allee (de)	lorong	[loroŋ]
park (het)	taman	[taman]
boulevard (de)	boulevard	[bulevard]
plein (het)	dataran	[dataran]
laan (de)	lebuh	[lɛbuh]
straat (de)	jalan	[dʒalan]
zijstraat (de)	lorong	[loroŋ]
doodlopende straat (de)	buntu	[buntu]
huis (het)	rumah	[rumah]
gebouw (het)	bangunan	[baŋunan]
wolkenkrabber (de)	cakar langit	[tʃakar laŋit]
gevel (de)	muka	[muka]
dak (het)	bumbung	[bumbuŋ]
venster (het)	tingkap	[tiŋkap]
boog (de)	lengkung	[lɛŋkuŋ]
pilaar (de)	tiang	[tiaŋ]
hoek (ov. een gebouw)	sudut	[sudut]
vitrine (de)	cermin pameran	[tʃɛrmin pameran]
gevelreclame (de)	papan nama	[papan nama]
affiche (de/het)	poster	[postɛr]

| reclameposter (de) | poster iklan | [postɛr iklan] |
| aanplakbord (het) | papan iklan | [papan iklan] |

vuilnis (de/het)	sampah	[sampah]
vuilnisbak (de)	tong sampah	[toŋ sampah]
afval weggooien (ww)	menyepah	[mɛnjepah]
stortplaats (de)	tempat sampah	[tɛmpat sampah]

telefooncel (de)	pondok telefon	[pondok telefon]
straatlicht (het)	tiang lampu jalan	[tiaŋ lampu dʒalan]
bank (de)	bangku	[baŋku]

politieagent (de)	anggota polis	[aŋgota polis]
politie (de)	polis	[polis]
zwerver (de)	pengemis	[pɛŋɛmis]
dakloze (de)	orang yang tiada tempat berteduh	[oraŋ jaŋ tiada tɛmpat bɛrtɛduh]

29. Stedelijke instellingen

winkel (de)	kedai	[kɛdaj]
apotheek (de)	kedai ubat	[kɛdaj ubat]
optiek (de)	kedai optik	[kɛdaj optik]
winkelcentrum (het)	pusat membeli-belah	[pusat membli blah]
supermarkt (de)	pasaraya	[pasaraja]

bakkerij (de)	kedai roti	[kɛdaj roti]
bakker (de)	pembakar roti	[pɛmbakar roti]
banketbakkerij (de)	kedai kuih	[kɛdaj kuih]
kruidenier (de)	barang-barang runcit	[baraŋ baraŋ runtʃit]
slagerij (de)	kedai daging	[kɛdaj dagiŋ]

| groentewinkel (de) | kedai sayur | [kɛdaj sajur] |
| markt (de) | pasar | [pasar] |

koffiehuis (het)	kedai kopi	[kɛdaj kopi]
restaurant (het)	restoran	[restoran]
bar (de)	kedai bir	[kɛdaj bir]
pizzeria (de)	kedai piza	[kɛdaj piza]

kapperssalon (de/het)	kedai gunting rambut	[kɛdaj guntiŋ rambut]
postkantoor (het)	pejabat pos	[pɛdʒabat pos]
stomerij (de)	kedai cucian kering	[kɛdaj tʃutʃian kɛriŋ]
fotostudio (de)	studio foto	[studio foto]

schoenwinkel (de)	kedai kasut	[kɛdaj kasut]
boekhandel (de)	kedai buku	[kɛdaj buku]
sportwinkel (de)	kedai barang sukan	[kɛdaj baraŋ sukan]

kledingreparatie (de)	pembaikan baju	[pɛmbaikan badʒu]
kledingverhuur (de)	sewaan kostum	[sevaan kostum]
videotheek (de)	sewa filem	[seva filɛm]
circus (de/het)	sarkas	[sarkas]
dierentuin (de)	zoo	[zu]

bioscoop (de)	pawagam	[pavagam]
museum (het)	muzium	[muzium]
bibliotheek (de)	perpustakaan	[pɛrpustakaan]
theater (het)	teater	[teatɛr]
opera (de)	opera	[opɛra]
nachtclub (de)	kelab malam	[klab malam]
casino (het)	kasino	[kasino]
moskee (de)	masjid	[masdʒid]
synagoge (de)	saumaah	[saumaah]
kathedraal (de)	katedral	[katɛdral]
tempel (de)	rumah ibadat	[rumah ibadat]
kerk (de)	gereja	[gɛredʒa]
instituut (het)	institut	[institut]
universiteit (de)	universiti	[univɛrsiti]
school (de)	sekolah	[sɛkolah]
gemeentehuis (het)	prefekture	[prefekturɛ]
stadhuis (het)	dewan bandaran	[devan bandaran]
hotel (het)	hotel	[hotel]
bank (de)	bank	[baŋk]
ambassade (de)	kedutaan besar	[kɛdutaan bɛsar]
reisbureau (het)	agensi pelancongan	[agensi pɛlantʃoŋan]
informatieloket (het)	pejabat penerangan	[pɛdʒabat pɛnɛraŋan]
wisselkantoor (het)	pusat pertukaran mata wang	[pusat pɛrtukaran mata vaŋ]
metro (de)	LRT	[ɛl ar ti]
ziekenhuis (het)	hospital	[hospital]
benzinestation (het)	stesen minyak	[stesen minjak]
parking (de)	tempat letak kereta	[tɛmpat lɛtak kreta]

30. Borden

gevelreclame (de)	papan nama	[papan nama]
opschrift (het)	tulisan	[tulisan]
poster (de)	poster	[postɛr]
wegwijzer (de)	penunjuk	[pɛnundʒuk]
pijl (de)	anak panah	[anak panah]
waarschuwing (verwittiging)	peringatan	[pɛriŋatan]
waarschuwingsbord (het)	amaran	[amaran]
waarschuwen (ww)	memperingati	[mɛmpɛriŋati]
vrije dag (de)	hari kelepasan	[hari kɛlɛpasan]
dienstregeling (de)	jadual waktu	[dʒadual vaktu]
openingsuren (mv.)	waktu pejabat	[vaktu pɛdʒabat]
WELKOM!	SELAMAT DATANG!	[sɛlamat dataŋ]
INGANG	MASUK	[masuk]

UITGANG	KELUAR	[kɛluar]
DUWEN	TOLAK	[tolak]
TREKKEN	TARIK	[tarik]
OPEN	BUKA	[buka]
GESLOTEN	TUTUP	[tutup]

| DAMES | PEREMPUAN | [pɛrɛmpuan] |
| HEREN | LELAKI | [lɛlaki] |

KORTING	POTONGAN	[potoŋan]
UITVERKOOP	JUALAN MURAH	[dʒualan murah]
NIEUW!	BARU!	[baru]
GRATIS	PERCUMA	[pɛrtʃuma]

PAS OP!	PERHATIAN!	[pɛrhatian]
VOLGEBOEKT	TIDAK ADA TEMPAT DUDUK YANG KOSONG	[tidak ada tɛmpat duduk jaŋ kosoŋ]
GERESERVEERD	DITEMPAH	[ditɛmpah]

| ADMINISTRATIE | PENTADBIRAN | [pɛntadbiran] |
| ALLEEN VOOR PERSONEEL | KAKITANGAN SAJA | [kakitaŋan sadʒa] |

GEVAARLIJKE HOND	AWAS, ANJING GANAS!	[avas], [andʒiŋ ganas]
VERBODEN TE ROKEN!	DILARANG MEROKOK!	[dilaraŋ mɛrokok]
NIET AANRAKEN!	JANGAN SENTUH!	[dʒaŋan sɛntuh]

GEVAARLIJK	BERBAHAYA	[bɛrbahaja]
GEVAAR	BAHAYA	[bahaja]
HOOGSPANNING	VOLTAN TINGGI	[voltan tiŋgi]
VERBODEN TE ZWEMMEN	DILARANG BERENANG!	[dilaraŋ bɛrɛnaŋ]
BUITEN GEBRUIK	ROSAK	[rosak]

ONTVLAMBAAR	MUDAH TERBAKAR	[mudah tɛrbakar]
VERBODEN	DILARANG	[dilaraŋ]
DOORGANG VERBODEN	DILARANG MASUK!	[dilaraŋ masuk]
OPGELET PAS GEVERFD	CAT BASAH	[tʃat basah]

31. Winkelen

kopen (ww)	membeli	[mɛmbli]
aankoop (de)	belian	[blian]
winkelen (ww)	membeli-belah	[mɛmbli blah]
winkelen (het)	berbelanja	[bɛrblandʒa]

| open zijn (ov. een winkel, enz.) | buka | [buka] |
| gesloten zijn (ww) | tutup | [tutup] |

schoeisel (het)	kasut	[kasut]
kleren (mv.)	pakaian	[pakajan]
cosmetica (mv.)	alat solek	[alat solek]
voedingswaren (mv.)	bahan makanan	[bahan makanan]
geschenk (het)	hadiah	[hadiah]

| verkoper (de) | penjual | [pɛndʒual] |
| verkoopster (de) | jurujual perempuan | [dʒurudʒual pɛrɛmpuan] |

kassa (de)	tempat juruwang	[tɛmpat dʒuruvaŋ]
spiegel (de)	cermin	[ʧɛrmin]
toonbank (de)	kaunter	[kaunter]
paskamer (de)	bilik acu	[bilik aʧu]

aanpassen (ww)	mencuba	[mɛnʧuba]
passen (ov. kleren)	sesuai	[sɛsuaj]
bevallen (prettig vinden)	suka	[suka]

prijs (de)	harga	[harga]
prijskaartje (het)	tanda harga	[tanda harga]
kosten (ww)	berharga	[bɛrharga]
Hoeveel?	Berapa?	[brapa]
korting (de)	potongan	[potoŋan]

niet duur (bn)	tidak mahal	[tidak mahal]
goedkoop (bn)	murah	[murah]
duur (bn)	mahal	[mahal]
Dat is duur.	Ini mahal	[ini mahal]

verhuur (de)	sewaan	[sevaan]
huren (smoking, enz.)	menyewa	[mɛnjeva]
krediet (het)	pinjaman	[pindʒaman]
op krediet (bw)	dengan pinjaman sewa beli	[dɛŋan pindʒaman seva eli]

KLEDING EN ACCESSOIRES

32. Bovenkleding. Jassen

kleren (mv.)	pakaian	[pakajan]
bovenkleding (de)	pakaian luar	[pakajan luar]
winterkleding (de)	pakaian musim sejuk	[pakajan musim sɛdʒuk]
jas (de)	kot luaran	[kot luaran]
bontjas (de)	kot bulu	[kot bulu]
bontjasje (het)	jaket berbulu	[dʒaket berbulu]
donzen jas (de)	kot bulu pelepah	[kot bulu pɛlɛpah]
jasje (bijv. een leren ~)	jaket	[dʒaket]
regenjas (de)	baju hujan	[badʒu hudʒan]
waterdicht (bn)	kalis air	[kalis air]

33. Heren & dames kleding

overhemd (het)	baju	[badʒu]
broek (de)	seluar	[sɛluar]
jeans (de)	seluar jean	[sɛluar dʒin]
colbert (de)	jaket	[dʒaket]
kostuum (het)	suit	[suit]
jurk (de)	gaun	[gaun]
rok (de)	skirt	[skirt]
blouse (de)	blaus	[blaus]
wollen vest (de)	jaket kait	[dʒaket kait]
blazer (kort jasje)	jaket	[dʒaket]
T-shirt (het)	baju kaus	[badʒu kaus]
shorts (mv.)	seluar pendek	[sɛluar pendek]
trainingspak (het)	pakaian sukan	[pakajan sukan]
badjas (de)	jubah mandi	[dʒubah mandi]
pyjama (de)	pijama	[pidʒama]
sweater (de)	sweater	[svetɛr]
pullover (de)	pullover	[pullovɛr]
gilet (het)	rompi	[rompi]
rokkostuum (het)	kot bajang	[kot badʒaŋ]
smoking (de)	toksedo	[toksedo]
uniform (het)	pakaian seragam	[pakajan sɛragam]
werkkleding (de)	pakaian kerja	[pakajan kɛrdʒa]
overall (de)	baju monyet	[badʒu monjet]
doktersjas (de)	baju	[badʒu]

34. Kleding. Ondergoed

ondergoed (het)	pakaian dalam	[pakajan dalam]
herenslip (de)	seluar dalam lelaki	[sɛluar dalam lɛlaki]
slipjes (mv.)	seluar dalam perempuan	[sɛluar dalam pɛrɛmpuan]
onderhemd (het)	singlet	[siŋlet]
sokken (mv.)	sok	[sok]
nachthemd (het)	baju tidur	[badʒu tidur]
beha (de)	kutang	[kutaŋ]
kniekousen (mv.)	stoking sampai lutut	[stokiŋ sampaj lutut]
panty (de)	sarung kaki	[saruŋ kaki]
nylonkousen (mv.)	stoking	[stokiŋ]
badpak (het)	pakaian renang	[pakajan rɛnaŋ]

35. Hoofddeksels

hoed (de)	topi	[topi]
deukhoed (de)	topi bulat	[topi bulat]
honkbalpet (de)	topi besbol	[topi besbol]
kleppet (de)	kep	[kep]
baret (de)	beret	[beret]
kap (de)	hud	[hud]
panamahoed (de)	topi panama	[topi panama]
gebreide muts (de)	topi kait	[topi kait]
hoofddoek (de)	tudung	[tuduŋ]
dameshoed (de)	topi perempuan	[topi pɛrɛmpuan]
veiligheidshelm (de)	topi besi	[topi bɛsi]
veldmuts (de)	topi lipat	[topi lipat]
helm, valhelm (de)	helmet	[helmet]
bolhoed (de)	topi bulat	[topi bulat]
hoge hoed (de)	topi pesulap	[topi pɛsulap]

36. Schoeisel

schoeisel (het)	kasut	[kasut]
schoenen (mv.)	but	[but]
vrouwenschoenen (mv.)	kasut wanita	[kasut vanita]
laarzen (mv.)	kasut lars	[kasut lars]
pantoffels (mv.)	selipar	[slipar]
sportschoenen (mv.)	kasut tenis	[kasut tenis]
sneakers (mv.)	kasut kets	[kasut kets]
sandalen (mv.)	sandal	[sandal]
schoenlapper (de)	tukang kasut	[tukaŋ kasut]
hiel (de)	tumit	[tumit]

paar (een ~ schoenen)	sepasang	[sɛpasaŋ]
veter (de)	tali kasut	[tali kasut]
rijgen (schoenen ~)	mengikat tali	[meŋikat tali]
schoenlepel (de)	sudu kasut	[sudu kasut]
schoensmeer (de/het)	belaking	[bɛlakiŋ]

37. Persoonlijke accessoires

handschoenen (mv.)	sarung tangan	[saruŋ taŋan]
wanten (mv.)	miten	[mitɛn]
sjaal (fleece ~)	selendang	[sɛlendaŋ]

bril (de)	kaca mata	[katʃa mata]
brilmontuur (het)	bingkai, rim	[biŋkaj], [rim]
paraplu (de)	payung	[pajuŋ]
wandelstok (de)	tongkat	[toŋkat]
haarborstel (de)	berus rambut	[brus rambut]
waaier (de)	kipas	[kipas]

das (de)	tai	[taj]
strikje (het)	tali leher kupu-kupu	[tali leher kupu kupu]
bretels (mv.)	tali bawat	[tali bavat]
zakdoek (de)	sapu tangan	[sapu taŋan]

kam (de)	sikat	[sikat]
haarspeldje (het)	cucuk rambut	[tʃutʃuk rambut]
schuifspeldje (het)	pin rambut	[pin rambut]
gesp (de)	gancu	[gantʃu]

| broekriem (de) | ikat pinggang | [ikat piŋgaŋ] |
| draagriem (de) | tali beg | [tali beg] |

handtas (de)	beg	[beg]
damestas (de)	beg tangan	[beg taŋan]
rugzak (de)	beg galas	[beg galas]

38. Kleding. Diversen

mode (de)	fesyen	[feʃɛn]
de mode (bn)	berfesyen	[bɛrfeʃɛn]
kledingstilist (de)	pereka fesyen	[pɛreka feʃɛn]

kraag (de)	kerah	[krah]
zak (de)	saku	[saku]
zak- (abn)	saku	[saku]
mouw (de)	lengan	[lɛŋan]
lusje (het)	gelung sangkut	[gɛluŋ saŋkut]
gulp (de)	golbi	[golbi]

rits (de)	zip	[zip]
sluiting (de)	kancing	[kantʃiŋ]
knoop (de)	butang	[butaŋ]

| knoopsgat (het) | lubang butang | [lubaŋ butaŋ] |
| losraken (bijv. knopen) | terlepas | [tɛrlɛpas] |

naaien (kleren, enz.)	menjahit	[mɛndʒahit]
borduren (ww)	menyulam	[mɛnjulam]
borduursel (het)	sulaman	[sulaman]
naald (de)	jarum	[dʒarum]
draad (de)	benang	[bɛnaŋ]
naad (de)	jahitan	[dʒahitan]

vies worden (ww)	menjadi kotor	[mɛndʒadi kotor]
vlek (de)	tompok	[tompok]
gekreukt raken (ov. kleren)	renyuk	[rɛnjuk]
scheuren (ov.ww.)	merobek	[mɛrobek]
mot (de)	gegat	[gɛgat]

39. Persoonlijke verzorging. Schoonheidsmiddelen

tandpasta (de)	ubat gigi	[ubat gigi]
tandenborstel (de)	berus gigi	[bɛrus gigi]
tanden poetsen (ww)	memberus gigi	[mɛmbɛrus gigi]

scheermes (het)	pisau cukur	[pisau tʃukur]
scheerschuim (het)	krim cukur	[krim tʃukur]
zich scheren (ww)	bercukur	[bɛrtʃukur]

| zeep (de) | sabun | [sabun] |
| shampoo (de) | syampu | [ʃampu] |

schaar (de)	gunting	[guntiŋ]
nagelvijl (de)	kikir kuku	[kikir kuku]
nagelknipper (de)	pemotong kuku	[pɛmotoŋ kuku]
pincet (het)	penyepit kecil	[pɛnjepit kɛtʃil]

cosmetica (mv.)	alat solek	[alat solek]
masker (het)	masker	[maskɛr]
manicure (de)	manicure	[mɛnikjur]
manicure doen	melakukan perawatan kuku tangan	[mɛlakukan pɛravatan kuku taŋan]

| pedicure (de) | pedicure | [pɛdikjur] |

cosmetica tasje (het)	beg mekap	[beg mekap]
poeder (de/het)	bedak	[bɛdak]
poederdoos (de)	kotak bedak	[kotak bɛdak]
rouge (de)	pemerah pipi	[pɛmerah pipi]

parfum (de/het)	minyak wangi	[minjak vaŋi]
eau de toilet (de)	air wangi	[air vaŋi]
lotion (de)	losen	[losen]
eau de cologne (de)	air kolong	[air koloŋ]

oogschaduw (de)	pembayang mata	[pɛmbajaŋ mata]
oogpotlood (het)	pensel kening	[pensel kɛniŋ]
mascara (de)	maskara	[maskara]

lippenstift (de)	gincu bibir	[ginʧu bibir]
nagellak (de)	pengilat kuku	[peɲilat kuku]
haarlak (de)	penyembur rambut	[pɛnjembur rambut]
deodorant (de)	deodoran	[deodoran]
crème (de)	krim	[krim]
gezichtscrème (de)	krim muka	[krim muka]
handcrème (de)	krim tangan	[krim taŋan]
antirimpelcrème (de)	krim antikerut	[krim antikɛrut]
dagcrème (de)	krim siang	[krim siaŋ]
nachtcrème (de)	krim malam	[krim malam]
dag- (abn)	siang	[siaŋ]
nacht- (abn)	malam	[malam]
tampon (de)	tampon	[tampon]
toiletpapier (het)	kertas tandas	[kɛrtas tandas]
föhn (de)	pengering rambut	[pɛŋɛriŋ rambut]

40. Horloges. Klokken

polshorloge (het)	jam tangan	[ʤam taŋan]
wijzerplaat (de)	permukaan jam	[permukaan ʤam]
wijzer (de)	jarum	[ʤarum]
metalen horlogeband (de)	gelang jam tangan	[gɛlaŋ ʤam taŋan]
horlogebandje (het)	tali jam	[tali ʤam]
batterij (de)	bateri	[batɛri]
leeg zijn (ww)	luput	[luput]
batterij vervangen	menukar bateri	[menukar batɛri]
voorlopen (ww)	kecepatan	[kɛʧɛpatan]
achterlopen (ww)	ketinggalan	[kɛtiŋgalan]
wandklok (de)	jam dinding	[ʤam dindiŋ]
zandloper (de)	jam pasir	[ʤam pasir]
zonnewijzer (de)	jam matahari	[ʤam matahari]
wekker (de)	jam loceng	[ʤam loʧeŋ]
horlogemaker (de)	tukang jam	[tukaŋ ʤam]
repareren (ww)	membaiki	[mɛmbaiki]

ALLEDAAGSE ERVARING

41. Geld

geld (het)	wang	[vaŋ]
ruil (de)	pertukaran	[pɛrtukaran]
koers (de)	kadar pertukaran	[kadar pɛrtukaran]
geldautomaat (de)	ATM	[ɛj ti ɛm]
muntstuk (de)	syiling	[ʃiliŋ]
dollar (de)	dolar	[dolar]
euro (de)	euro	[euro]
lire (de)	lire Itali	[lirɛ itali]
Duitse mark (de)	Deutsche Mark	[dojtʃe mark]
frank (de)	franc	[fraŋk]
pond sterling (het)	paun	[paun]
yen (de)	yen	[jen]
schuld (geldbedrag)	hutang	[hutaŋ]
schuldenaar (de)	si berhutang	[si bɛrhutaŋ]
uitlenen (ww)	meminjamkan	[mɛmindʒamkan]
lenen (geld ~)	meminjam	[mɛmindʒam]
bank (de)	bank	[baŋk]
bankrekening (de)	akaun	[akaun]
storten (ww)	memasukkan	[mɛmasukkan]
op rekening storten	memasukkan ke dalam akaun	[mɛmasukkan ke dalam akaun]
opnemen (ww)	mengeluarkan wang	[mɛŋɛluarkan vaŋ]
kredietkaart (de)	kad kredit	[kad kredit]
baar geld (het)	wang tunai	[vaŋ tunaj]
cheque (de)	cek	[tʃek]
een cheque uitschrijven	menulis cek	[mɛnulis tʃek]
chequeboekje (het)	buku cek	[buku tʃek]
portefeuille (de)	beg duit	[beg duit]
geldbeugel (de)	dompet	[dompet]
safe (de)	peti besi	[pɛti bɛsi]
erfgenaam (de)	pewaris	[pɛvaris]
erfenis (de)	warisan	[varisan]
fortuin (het)	kekayaan	[kɛkajaan]
huur (de)	sewa	[seva]
huurprijs (de)	sewa rumah	[seva rumah]
huren (huis, kamer)	menyewa	[mɛnjeva]
prijs (de)	harga	[harga]
kostprijs (de)	kos	[kos]

som (de)	jumlah	[dʒumlah]
uitgeven (geld besteden)	menghabiskan	[mɛɲabiskan]
kosten (mv.)	belanja	[blandʒa]
bezuinigen (ww)	menjimatkan	[mɛndʒimatkan]
zuinig (bn)	cermat	[ʧɛrmat]
betalen (ww)	membayar	[mɛmbajar]
betaling (de)	pembayaran	[pɛmbajaran]
wisselgeld (het)	sisa wang	[sisa vaŋ]
belasting (de)	cukai	[ʧukaj]
boete (de)	denda	[dɛnda]
beboeten (bekeuren)	mendenda	[mɛndɛnda]

42. Post. Postkantoor

postkantoor (het)	pejabat pos	[pɛdʒabat pos]
post (de)	mel	[mel]
postbode (de)	posmen	[posmen]
openingsuren (mv.)	waktu pejabat	[vaktu pɛdʒabat]
brief (de)	surat	[surat]
aangetekende brief (de)	surat berdaftar	[surat bɛrdaftar]
briefkaart (de)	poskad	[poskad]
telegram (het)	telegram	[telegram]
postpakket (het)	kiriman pos	[kiriman pos]
overschrijving (de)	kiriman wang	[kiriman vaŋ]
ontvangen (ww)	menerima	[mɛnɛrima]
sturen (zenden)	mengirim	[mɛɲirim]
verzending (de)	pengiriman	[pɛŋiriman]
adres (het)	alamat	[alamat]
postcode (de)	poskod	[poskod]
verzender (de)	pengirim	[pɛŋirim]
ontvanger (de)	penerima	[pɛnɛrima]
naam (de)	nama	[nama]
achternaam (de)	nama keluarga	[nama kɛluarga]
tarief (het)	tarif	[tarif]
standaard (bn)	biasa, lazim	[biasa], [lazim]
zuinig (bn)	ekonomik	[ekonomik]
gewicht (het)	berat	[brat]
afwegen (op de weegschaal)	menimbang	[mɛnimbaŋ]
envelop (de)	sampul surat	[sampul surat]
postzegel (de)	setem	[sɛtem]
een postzegel plakken op	melekatkan setem	[mɛlɛkatkan ɛetem]

43. Bankieren

| bank (de) | bank | [baŋk] |
| bankfiliaal (het) | cawangan | [ʧavaŋan] |

| bankbediende (de) | perunding | [pɛrundiŋ] |
| manager (de) | pengurus | [pɛŋurus] |

bankrekening (de)	akaun	[akaun]
rekeningnummer (het)	nombor akaun	[nombor akaun]
lopende rekening (de)	akaun semasa	[akaun sɛmasa]
spaarrekening (de)	akaun simpanan	[akaun simpanan]

een rekening openen	membuka akaun	[mɛmbuka akaun]
de rekening sluiten	menutup akaun	[mɛnutup akaun]
op rekening storten	memasukkan wang ke dalam akaun	[mɛmasukkan vaŋ kɛ dalam akaun]
opnemen (ww)	mengeluarkan wang	[mɛŋɛluarkan vaŋ]

storting (de)	simpanan wang	[simpanan vaŋ]
een storting maken	memasukkan wang	[mɛmasukkan vaŋ]
overschrijving (de)	transfer	[transfer]
een overschrijving maken	mengirim duit	[mɛŋirim duit]

| som (de) | jumlah | [dʒumlah] |
| Hoeveel? | Berapa? | [brapa] |

| handtekening (de) | tanda tangan | [tanda taŋan] |
| ondertekenen (ww) | menandatangani | [mɛnandataŋani] |

kredietkaart (de)	kad kredit	[kad kredit]
code (de)	kod	[kod]
kredietkaartnummer (het)	nombor kad kredit	[nombor kad kredit]
geldautomaat (de)	ATM	[ɛj ti ɛm]

cheque (de)	cek	[tʃek]
een cheque uitschrijven	menulis cek	[mɛnulis tʃek]
chequeboekje (het)	buku cek	[buku tʃek]

lening, krediet (de)	pinjaman	[pindʒaman]
een lening aanvragen	meminta pinjaman	[mɛminta pindʒaman]
een lening nemen	mengambil pinjaman	[mɛŋambil pindʒaman]
een lening verlenen	memberi pinjaman	[mɛmbri pindʒaman]
garantie (de)	jaminan	[dʒaminan]

44. Telefoon. Telefoongesprek

telefoon (de)	telefon	[telefon]
mobieltje (het)	telefon bimbit	[telefon bimbit]
antwoordapparaat (het)	mesin menjawab panggilan telefon	[mesin mɛndʒavab paŋilan telefon]

| bellen (ww) | menelefon | [mɛnelefon] |
| belletje (telefoontje) | panggilan telefon | [paŋilan telefon] |

een nummer draaien	mendail nombor	[mɛndajl nombor]
Hallo!	Helo!	[helo]
vragen (ww)	menyoal	[mɛnjoal]
antwoorden (ww)	menjawab	[mɛndʒavab]

horen (ww)	mendengar	[mɛndɛŋar]
goed (bw)	baik	[baik]
slecht (bw)	buruk	[buruk]
storingen (mv.)	bising	[bisiŋ]

hoorn (de)	gagang	[gagaŋ]
opnemen (ww)	mengankat gagang telefon	[mɛŋaŋkat gagaŋ telefon]
ophangen (ww)	meletakkan gagang telefon	[mɛlɛtakkan gagaŋ telefon]

bezet (bn)	sibuk	[sibuk]
overgaan (ww)	berdering	[bɛrdɛriŋ]
telefoonboek (het)	buku panduan telefon	[buku panduan telefon]

lokaal (bn)	tempatan	[tɛmpatan]
lokaal gesprek (het)	panggilan tempatan	[paŋgilan tɛmpatan]
interlokaal (bn)	antarabandar	[antarabandar]
interlokaal gesprek (het)	panggilan antarabandar	[paŋgilan antarabandar]
buitenlands (bn)	antarabangsa	[antarabaŋsa]

45. Mobiele telefoon

mobieltje (het)	telefon bimbit	[telefon bimbit]
scherm (het)	peranti paparan	[pɛranti paparan]
toets, knop (de)	tombol	[tombol]
simkaart (de)	Kad SIM	[kad sim]

batterij (de)	bateri	[batɛri]
leeg zijn (ww)	nyahcas	[njahʧas]
acculader (de)	pengecas	[pɛŋɛʧas]

menu (het)	menu	[menu]
instellingen (mv.)	setting	[setiŋ]
melodie (beltoon)	melodi nada dering	[melodi nada dɛriŋ]
selecteren (ww)	memilih	[mɛmilih]

rekenmachine (de)	mesin hitung	[mesin hituŋ]
voicemail (de)	mesin menjawab panggilan telefon	[mesin mɛndʒavab paŋgilan telefon]
wekker (de)	jam loceng	[dʒam loʧeŋ]
contacten (mv.)	buku panduan telefon	[buku panduan telefon]

| SMS-bericht (het) | SMS, khidmat pesanan ringkas | [ɛs ɛm ɛs], [hidmat pɛsanan riŋkas] |
| abonnee (de) | pelanggan | [pɛlaŋgan] |

46. Schrijfbehoeften

balpen (de)	pena mata bulat	[pɛna mata bulat]
vulpen (de)	pena tinta	[pɛna tinta]
potlood (het)	pensel	[pensel]
marker (de)	pen penyerlah	[pen pɛnjerlah]

viltstift (de)	marker	[marker]
notitieboekje (het)	buku catatan	[buku ʧatatan]
agenda (boekje)	buku harian	[buku harian]

liniaal (de/het)	kayu pembaris	[kaju pɛmbaris]
rekenmachine (de)	mesin hitung	[mesin hituŋ]
gom (de)	getah pemadam	[gɛtah pɛmadam]
punaise (de)	paku tekan	[paku tɛkan]
paperclip (de)	klip kertas	[klip kɛrtas]

lijm (de)	perekat	[pɛrɛkat]
nietmachine (de)	pengokot	[pɛŋokot]
perforator (de)	penebuk	[pɛnɛbuk]
potloodslijper (de)	pengasah pensel	[pɛŋasah pensel]

47. Vreemde talen

taal (de)	bahasa	[bahasa]
vreemd (bn)	asing	[asiŋ]
vreemde taal (de)	bahasa asing	[bahasa asiŋ]
leren (bijv. van buiten ~)	mempelajari	[mɛmpɛladʒari]
studeren (Nederlands ~)	belajar	[bɛladʒar]

lezen (ww)	membaca	[mɛmbaʧa]
spreken (ww)	bercakap	[bɛrʧakap]
begrijpen (ww)	memahami	[mɛmahami]
schrijven (ww)	menulis	[mɛnulis]

snel (bw)	fasih	[fasih]
langzaam (bw)	perlahan-lahan	[pɛrlahan lahan]
vloeiend (bw)	fasih	[fasih]

regels (mv.)	peraturan	[pɛraturan]
grammatica (de)	nahu	[nahu]
vocabulaire (het)	kosa kata	[kosa kata]
fonetiek (de)	fonetik	[fonetik]

leerboek (het)	buku teks	[buku teks]
woordenboek (het)	kamus	[kamus]
leerboek (het) voor zelfstudie	buku teks pembelajaran kendiri	[buku teks pɛmbɛladʒaran kɛndiri]
taalgids (de)	buku ungkapan	[buku uŋkapan]

cassette (de)	kaset	[kaset]
videocassette (de)	kaset video	[kaset video]
CD (de)	cakera padat	[ʧakra padat]
DVD (de)	cakera DVD	[ʧakra dividi]

alfabet (het)	abjad	[abdʒad]
spellen (ww)	mengeja	[mɛŋedʒa]
uitspraak (de)	sebutan	[sɛbutan]

| accent (het) | aksen | [aksen] |
| met een accent (bw) | dengan pelat | [dɛŋan pelat] |

zonder accent (bw)	**tanpa pelat**	[tanpa pelat]
woord (het)	**perkataan**	[pɛrkataan]
betekenis (de)	**erti**	[ɛrti]
cursus (de)	**kursus**	[kursus]
zich inschrijven (ww)	**berdaftar**	[bɛrdaftar]
leraar (de)	**pensyarah**	[pɛnɕarah]
vertaling (een ~ maken)	**penterjemahan**	[pɛntɛrdʒɛmahan]
vertaling (tekst)	**terjemahan**	[tɛrdʒɛmahan]
vertaler (de)	**penterjemah**	[pɛntɛrdʒɛmah]
tolk (de)	**penterjemah**	[pɛntɛrdʒɛmah]
polyglot (de)	**penutur pelbagai bahasa**	[pɛnutur pɛlbagaj bahasa]
geheugen (het)	**ingatan**	[iŋatan]

MAALTIJDEN. RESTAURANT

48. Tafelschikking

lepel (de)	sudu	[sudu]
mes (het)	pisau	[pisau]
vork (de)	garpu	[garpu]
kopje (het)	cawan	[ʧavan]
bord (het)	pinggan	[piŋgan]
schoteltje (het)	alas cawan	[alas ʧavan]
servet (het)	napkin	[napkin]
tandenstoker (de)	cungkil gigi	[ʧuŋkil gigi]

49. Restaurant

restaurant (het)	restoran	[restoran]
koffiehuis (het)	kedai kopi	[kɛdaj kopi]
bar (de)	bar	[bar]
tearoom (de)	ruang teh	[ruaŋ te]
kelner, ober (de)	pelayan	[pɛlajan]
serveerster (de)	pelayan perempuan	[pɛlajan pɛrɛmpuan]
barman (de)	pelayan bar	[pɛlajan bar]
menu (het)	menu	[menu]
wijnkaart (de)	kad wain	[kad vajn]
een tafel reserveren	menempah meja	[mɛnɛmpah medʒa]
gerecht (het)	masakan	[masakan]
bestellen (eten ~)	menempah	[mɛnɛmpah]
een bestelling maken	menempah	[mɛnɛmpah]
aperitief (de/het)	aperitif	[aperitif]
voorgerecht (het)	pembuka selera	[pɛmbuka sɛlera]
dessert (het)	pencuci mulut	[pɛnʧuʧi mulut]
rekening (de)	bil	[bil]
de rekening betalen	membayar bil	[mɛmbajar bil]
wisselgeld teruggeven	memberi wang baki	[mɛmbri vaŋ baki]
fooi (de)	tip	[tip]

50. Maaltijden

eten (het)	makanan	[makanan]
eten (ww)	makan	[makan]

ontbijt (het)	makan pagi	[makan pagi]
ontbijten (ww)	makan pagi	[makan pagi]
lunch (de)	makan tengah hari	[makan tɛŋah hari]
lunchen (ww)	makan tengah hari	[makan tɛŋah hari]
avondeten (het)	makan malam	[makan malam]
souperen (ww)	makan malam	[makan malam]
eetlust (de)	selera	[sɛlera]
Eet smakelijk!	Selamat jamu selera!	[sɛlamat dʒamu sɛlera]
openen (een fles ~)	membuka	[mɛmbuka]
morsen (koffie, enz.)	menumpahkan	[mɛnumpahkan]
zijn gemorst	tertumpah	[tɛrtumpah]
koken (water kookt bij 100°C)	mendidih	[mɛndidih]
koken (Hoe om water te ~)	mendidihkan	[mɛndidihkan]
gekookt (~ water)	masak	[masak]
afkoelen (koeler maken)	menyejukkan	[mɛnjedʒukkan]
afkoelen (koeler worden)	menjadi sejuk	[mɛndʒadi sɛdʒuk]
smaak (de)	rasa	[rasa]
nasmaak (de)	rasa kesan	[rasa kɛsan]
volgen een dieet	berdiet	[berdiet]
dieet (het)	diet	[diet]
vitamine (de)	vitamin	[vitamin]
calorie (de)	kalori	[kalori]
vegetariër (de)	vegetarian	[vegetarian]
vegetarisch (bn)	vegetarian	[vegetarian]
vetten (mv.)	lemak	[lɛmak]
eiwitten (mv.)	protein	[protein]
koolhydraten (mv.)	karbohidrat	[karbohidrat]
snede (de)	irisan	[irisan]
stuk (bijv. een ~ taart)	potongan	[potoŋan]
kruimel (de)	remah	[remah]

51. Bereide gerechten

gerecht (het)	hidangan	[hidaŋan]
keuken (bijv. Franse ~)	masakan	[masakan]
recept (het)	resipi	[rɛsipi]
portie (de)	hidangan	[hidaŋan]
salade (de)	salad	[salad]
soep (de)	sup	[sup]
bouillon (de)	sup kosong	[sup kosoŋ]
boterham (de)	sandwic	[sandvitʃ]
spiegelei (het)	telur mata kerbau	[tɛlur mata kerbau]
hamburger (de)	hamburger	[hamburger]
biefstuk (de)	stik	[stik]

garnering (de)	garnish	[garniʃ]
spaghetti (de)	spaghetti	[spaɣeti]
aardappelpuree (de)	kentang lecek	[kɛntaŋ letʃek]
pizza (de)	piza	[piza]
pap (de)	bubur	[bubur]
omelet (de)	telur dadar	[tɛlur dadar]

gekookt (in water)	rebus	[rɛbus]
gerookt (bn)	salai	[salaj]
gebakken (bn)	goreng	[goreŋ]
gedroogd (bn)	dikeringkan	[dikɛriŋkan]
diepvries (bn)	sejuk beku	[sɛdʒuk bɛku]
gemarineerd (bn)	dijeruk	[didʒɛruk]

zoet (bn)	manis	[manis]
gezouten (bn)	masin	[masin]
koud (bn)	sejuk	[sɛdʒuk]
heet (bn)	panas	[panas]
bitter (bn)	pahit	[pahit]
lekker (bn)	sedap	[sɛdap]

koken (in kokend water)	merebus	[mɛrɛbus]
bereiden (avondmaaltijd ~)	memasak	[mɛmasak]
bakken (ww)	menggoreng	[mɛŋgoreŋ]
opwarmen (ww)	memanaskan	[mɛmanaskan]

zouten (ww)	membubuh garam	[mɛmbubuh garam]
peperen (ww)	membubuh lada	[mɛmbubuh lada]
raspen (ww)	memarut	[mɛmarut]
schil (de)	kulit	[kulit]
schillen (ww)	mengupas	[mɛɲupas]

52. Voedsel

vlees (het)	daging	[dagiŋ]
kip (de)	ayam	[ajam]
kuiken (het)	anak ayam	[anak ajam]
eend (de)	itik	[itik]
gans (de)	angsa	[aŋsa]
wild (het)	burung buruan	[buruŋ buruan]
kalkoen (de)	ayam belanda	[ajam blanda]

varkensvlees (het)	daging babi	[dagiŋ babi]
kalfsvlees (het)	daging anak lembu	[dagiŋ anak lembu]
schapenvlees (het)	daging bebiri	[dagiŋ bɛbiri]
rundvlees (het)	daging lembu	[dagiŋ lɛmbu]
konijnenvlees (het)	arnab	[arnab]

worst (de)	sosej worst	[sosedʒ vorst]
saucijs (de)	sosej	[sosedʒ]
spek (het)	dendeng babi	[deŋdeŋ babi]
ham (de)	ham	[ham]
gerookte achterham (de)	gamon	[gamon]
paté (de)	pate	[patɛ]

lever (de)	hati	[hati]
gehakt (het)	bahan kisar	[bahan kisar]
tong (de)	lidah	[lidah]

ei (het)	telur	[tɛlur]
eieren (mv.)	telur-telur	[tɛlur tɛlur]
eiwit (het)	putih telur	[putih tɛlur]
eigeel (het)	kuning telur	[kuniŋ tɛlur]

vis (de)	ikan	[ikan]
zeevruchten (mv.)	makanan laut	[makanan laut]
schaaldieren (mv.)	krustasia	[krustasia]
kaviaar (de)	caviar	[kaviar]

krab (de)	ketam	[kɛtam]
garnaal (de)	udang	[udaŋ]
oester (de)	tiram	[tiram]
langoest (de)	udang krai	[udaŋ kraj]
octopus (de)	sotong	[sotoŋ]
inktvis (de)	cumi-cumi	[ʧumi ʧumi]

steur (de)	ikan sturgeon	[ikan sturgeon]
zalm (de)	salmon	[salmon]
heilbot (de)	ikan halibut	[ikan halibut]

kabeljauw (de)	ikan kod	[ikan kod]
makreel (de)	ikan tenggiri	[ikan tɛŋgiri]
tonijn (de)	tuna	[tuna]
paling (de)	ikan keli	[ikan kli]

forel (de)	ikan trout	[ikan trout]
sardine (de)	sadin	[sadin]
snoek (de)	ikan paik	[ikan pajk]
haring (de)	ikan hering	[ikan hɛriŋ]

brood (het)	roti	[roti]
kaas (de)	keju	[kɛdʒu]
suiker (de)	gula	[gula]
zout (het)	garam	[garam]

rijst (de)	beras, nasi	[bras], [nasi]
pasta (de)	pasta	[pasta]
noedels (mv.)	mie	[mi]

boter (de)	mentega	[mɛntega]
plantaardige olie (de)	minyak sayur	[minjak sajur]
zonnebloemolie (de)	minyak bunga matahari	[minjak buɲa matahari]
margarine (de)	marjerin	[mardʒɛrin]

olijven (mv.)	buah zaitun	[buah zajtun]
olijfolie (de)	minyak zaitun	[minjak zaɪtun]

melk (de)	susu	[susu]
gecondenseerde melk (de)	susu pekat	[susu pɛkat]
yoghurt (de)	yogurt	[jogurt]
zure room (de)	krim asam	[krim asam]

room (de)	krim	[krim]
mayonaise (de)	mayonis	[majonis]
crème (de)	krim	[krim]

graan (het)	bijirin berkupas	[bidʒirin bɛrkupas]
meel (het), bloem (de)	tepung	[tɛpuŋ]
conserven (mv.)	makanan dalam tin	[makanan dalam tin]

maïsvlokken (mv.)	emping jagung	[ɛmpiŋ dʒagun]
honing (de)	madu	[madu]
jam (de)	jem	[dʒɛm]
kauwgom (de)	gula-gula getah	[gula gula gɛtah]

53. Drankjes

water (het)	air	[air]
drinkwater (het)	air minum	[air minum]
mineraalwater (het)	air galian	[air galian]

zonder gas	tanpa gas	[tanpa gas]
koolzuurhoudend (bn)	bergas	[bɛrgas]
bruisend (bn)	bergas	[bɛrgas]
ijs (het)	ais	[ajs]
met ijs	dengan ais	[dɛŋan ajs]

alcohol vrij (bn)	tanpa alkohol	[tanpa alkohol]
alcohol vrije drank (de)	minuman ringan	[minuman riŋan]
frisdrank (de)	minuman segar	[minuman sɛgar]
limonade (de)	limonad	[limonad]

alcoholische dranken (mv.)	arak	[arak]
wijn (de)	wain	[vajn]
witte wijn (de)	wain putih	[vajn putih]
rode wijn (de)	wain merah	[vajn merah]

likeur (de)	likur	[likur]
champagne (de)	champagne	[ʃampejn]
vermout (de)	vermouth	[vermut]

whisky (de)	wiski	[viski]
wodka (de)	vodka	[vodka]
gin (de)	gin	[dʒin]
cognac (de)	cognac	[konjak]
rum (de)	rum	[ram]

koffie (de)	kopi	[kopi]
zwarte koffie (de)	kopi O	[kopi o]
koffie (de) met melk	kopi susu	[kopi susu]
cappuccino (de)	cappuccino	[kaputʃino]
oploskoffie (de)	kopi segera	[kopi sɛgɛra]

melk (de)	susu	[susu]
cocktail (de)	koktel	[koktel]
milkshake (de)	susu kocak	[susu kotʃak]

sap (het)	jus	[dʒus]
tomatensap (het)	jus tomato	[dʒus tomato]
sinaasappelsap (het)	jus jeruk manis	[dʒus dʒɛruk manis]
vers geperst sap (het)	jus segar	[dʒus sɛgar]

bier (het)	bir	[bir]
licht bier (het)	bir putih	[bir putih]
donker bier (het)	bir hitam	[bir hitam]

thee (de)	teh	[te]
zwarte thee (de)	teh hitam	[te hitam]
groene thee (de)	teh hijau	[te hidʒau]

54. Groenten

| groenten (mv.) | sayuran | [sajuran] |
| verse kruiden (mv.) | ulam-ulaman | [ulam ulaman] |

tomaat (de)	tomato	[tomato]
augurk (de)	timun	[timun]
wortel (de)	lobak merah	[lobak merah]
aardappel (de)	kentang	[kɛntaŋ]
ui (de)	bawang	[bavaŋ]
knoflook (de)	bawang putih	[bavaŋ putih]

kool (de)	kubis	[kubis]
bloemkool (de)	bunga kubis	[buŋa kubis]
spruitkool (de)	kubis Brussels	[kubis brasels]
broccoli (de)	broccoli	[brokoli]

rode biet (de)	rut bit	[rut bit]
aubergine (de)	terung	[tɛruŋ]
courgette (de)	labu kuning	[labu kuniŋ]

| pompoen (de) | labu | [labu] |
| raap (de) | turnip | [turnip] |

peterselie (de)	parsli	[parsli]
dille (de)	jintan hitam	[dʒintan hitam]
sla (de)	pokok salad	[pokok salad]
selderij (de)	saderi	[sadɛri]

| asperge (de) | asparagus | [asparagus] |
| spinazie (de) | bayam | [bajam] |

| erwt (de) | kacang sepat | [katʃaŋ sɛpat] |
| bonen (mv.) | kacang | [katʃaŋ] |

| maïs (de) | jagung | [dʒaguŋ] |
| nierboon (de) | kacang buncis | [katʃaŋ buntʃis] |

peper (de)	lada	[lada]
radijs (de)	lobak	[lobak]
artisjok (de)	articok	[artitʃok]

55. Vruchten. Noten

vrucht (de)	**buah**	[buah]
appel (de)	**epal**	[epal]
peer (de)	**buah pear**	[buah pear]
citroen (de)	**lemon**	[lemon]
sinaasappel (de)	**jeruk manis**	[ʤeruk manis]
aardbei (de)	**strawberi**	[stroberi]
mandarijn (de)	**limau mandarin**	[limau mandarin]
pruim (de)	**plum**	[plam]
perzik (de)	**pic**	[piʧ]
abrikoos (de)	**aprikot**	[aprikot]
framboos (de)	**raspberi**	[rasberi]
ananas (de)	**nanas**	[nanas]
banaan (de)	**pisang**	[pisaŋ]
watermeloen (de)	**tembikai**	[tembikaj]
druif (de)	**anggur**	[aŋgur]
zure kers (de)	**buah ceri**	[buah ʧeri]
zoete kers (de)	**ceri manis**	[ʧeri manis]
meloen (de)	**tembikai susu**	[tembikaj susu]
grapefruit (de)	**limau gedang**	[limau gɛdaŋ]
avocado (de)	**avokado**	[avokado]
papaja (de)	**betik**	[bɛtik]
mango (de)	**mempelam**	[mɛmpɛlam]
granaatappel (de)	**buah delima**	[buah dɛlima]
rode bes (de)	**buah kismis merah**	[buah kismis merah]
zwarte bes (de)	**buah kismis hitam**	[buah kismis hitam]
kruisbes (de)	**buah gusberi**	[buah gusberi]
blauwe bosbes (de)	**buah bilberi**	[buah bilberi]
braambes (de)	**beri hitam**	[beri hitam]
rozijn (de)	**kismis**	[kismis]
vijg (de)	**buah tin**	[buah tin]
dadel (de)	**buah kurma**	[buah kurma]
pinda (de)	**kacang tanah**	[kaʧaŋ tanah]
amandel (de)	**badam**	[badam]
walnoot (de)	**walnut**	[volnat]
hazelnoot (de)	**kacang hazel**	[kaʧaŋ hazel]
kokosnoot (de)	**buah kelapa**	[buah klapa]
pistaches (mv.)	**pistasio**	[pistasio]

56. Brood. Snoep

suikerbakkerij (de)	**kuih-muih**	[kuih muih]
brood (het)	**roti**	[roti]
koekje (het)	**biskit**	[biskit]
chocolade (de)	**coklat**	[ʧoklat]
chocolade- (abn)	**coklat**	[ʧoklat]

snoepje (het)	gula-gula	[gula gula]
cakeje (het)	kuih	[kuih]
taart (bijv. verjaardags~)	kek	[kek]

| pastei (de) | pai | [paj] |
| vulling (de) | inti | [inti] |

confituur (de)	jem buah-buahan utuh	[dʒem buah buahan utuh]
marmelade (de)	marmalad	[marmalad]
wafel (de)	wafer	[vafɛr]
ijsje (het)	ais krim	[ajs krim]
pudding (de)	puding	[pudiŋ]

57. Kruiden

zout (het)	garam	[garam]
gezouten (bn)	masin	[masin]
zouten (ww)	membubuh garam	[mɛmbubuh garam]

zwarte peper (de)	lada hitam	[lada hitam]
rode peper (de)	lada merah	[lada merah]
mosterd (de)	sawi	[savi]
mierikswortel (de)	remunggai	[rɛmuŋgaj]

condiment (het)	perasa	[pɛrasa]
specerij, kruiderij (de)	rempah-rempah	[rempah rempah]
saus (de)	saus	[saus]
azijn (de)	cuka	[ʧuka]

anijs (de)	lawang	[lavaŋ]
basilicum (de)	kemangi	[kɛmaɲi]
kruidnagel (de)	cengkeh	[ʧeŋkeh]
gember (de)	halia	[halia]
koriander (de)	ketumbar	[kɛtumbar]
kaneel (de/het)	kayu manis	[kaju manis]

sesamzaad (het)	bijan	[bidʒan]
laurierblad (het)	daun bay	[daun bej]
paprika (de)	paprik	[paprik]
komijn (de)	jintan putih	[dʒintan putih]
saffraan (de)	safron	[safron]

PERSOONLIJKE INFORMATIE. FAMILIE

58. Persoonlijke informatie. Formulieren

naam (de)	nama	[nama]
achternaam (de)	nama keluarga	[nama kɛluarga]
geboortedatum (de)	tarikh lahir	[tarih lahir]
geboorteplaats (de)	tempat lahir	[tɛmpat lahir]
nationaliteit (de)	bangsa	[baŋsa]
woonplaats (de)	tempat kediaman	[tɛmpat kediaman]
land (het)	negara	[nɛgara]
beroep (het)	profesion	[profesion]
geslacht (ov. het vrouwelijk ~)	jenis kelamin	[dʒɛnis kɛlamin]
lengte (de)	tinggi badan	[tiŋgi badan]
gewicht (het)	berat	[brat]

59. Familieleden. Verwanten

moeder (de)	ibu	[ibu]
vader (de)	bapa	[bapa]
zoon (de)	anak lelaki	[anak lɛlaki]
dochter (de)	anak perempuan	[anak pɛrɛmpuan]
jongste dochter (de)	anak perempuan bungsu	[anak pɛrɛmpuan buŋsu]
jongste zoon (de)	anak lelali bungsu	[anak lɛlali buŋsu]
oudste dochter (de)	anak perempuan sulung	[anak pɛrɛmpuan suluŋ]
oudste zoon (de)	anak lelaki sulung	[anak lɛlaki suluŋ]
broer (de)	saudara	[saudara]
oudere broer (de)	abang	[abaŋ]
jongere broer (de)	adik lelaki	[adik lɛlaki]
zuster (de)	saudara perempuan	[saudara pɛrɛmpuan]
oudere zuster (de)	kakak perempuan	[kakak pɛrɛmpuan]
jongere zuster (de)	adik perempuan	[adik pɛrɛmpuan]
neef (zoon van oom, tante)	sepupu lelaki	[sɛpupu lɛlaki]
nicht (dochter van oom, tante)	sepupu perempuan	[sɛpupu pɛrɛmpuan]
mama (de)	ibu	[ibu]
papa (de)	bapa	[bapa]
ouders (mv.)	ibu bapa	[ibu bapa]
kind (het)	anak	[anak]
kinderen (mv.)	anak-anak	[anak anak]
oma (de)	nenek	[nenek]

opa (de)	datuk	[datuk]
kleinzoon (de)	cucu lelaki	[ʧuʧu lɛlaki]
kleindochter (de)	cucu perempuan	[ʧuʧu pɛrɛmpuan]
kleinkinderen (mv.)	cucu-cicit	[ʧuʧu ʧiʧit]

oom (de)	pak cik	[pak ʧik]
tante (de)	mak cik	[mak ʧik]
neef (zoon van broer, zus)	anak saudara lelaki	[anak saudara lɛlaki]
nicht (dochter van broer, zus)	anak saudara perempuan	[anak saudara pɛrɛmpuan]

schoonmoeder (de)	ibu mertua	[ibu mɛrtua]
schoonvader (de)	bapa mertua	[bapa mɛrtua]
schoonzoon (de)	menantu lelaki	[mɛnantu lɛlaki]
stiefmoeder (de)	ibu tiri	[ibu tiri]
stiefvader (de)	bapa tiri	[bapa tiri]

zuigeling (de)	bayi	[baji]
wiegenkind (het)	bayi	[baji]
kleuter (de)	budak kecil	[budak kɛʧil]

vrouw (de)	isteri	[istri]
man (de)	suami	[suami]
echtgenoot (de)	suami	[suami]
echtgenote (de)	isteri	[istri]

gehuwd (mann.)	berkahwin, beristeri	[bɛrkahvin], [bɛristri]
gehuwd (vrouw.)	berkahwin, bersuami	[bɛrkahvin], [bɛrsuami]
ongehuwd (mann.)	bujang	[budʒaŋ]
vrijgezel (de)	bujang	[budʒaŋ]
gescheiden (bn)	bercerai	[bɛrʧɛraj]
weduwe (de)	balu	[balu]
weduwnaar (de)	duda	[duda]

familielid (het)	saudara	[saudara]
dichte familielid (het)	keluarga dekat	[kɛluarga dɛkat]
verre familielid (het)	saudara jauh	[saudara dʒauh]
familieleden (mv.)	keluarga	[kɛluarga]

wees (de), weeskind (het)	piatu	[piatu]
voogd (de)	wali	[vali]
adopteren (een jongen te ~)	mengangkat anak lelaki	[mɛŋaŋkat anak lɛlaki]
adopteren (een meisje te ~)	mengangkat anak perempuan	[mɛŋaŋkat anak perempuan]

60. Vrienden. Collega's

vriend (de)	sahabat	[sahabat]
vriendin (de)	teman wanita	[tɛman vanita]
vriendschap (de)	persahabatan	[pɛrsahabatan]
bevriend zijn (ww)	bersahabat	[bɛrsahabat]

makker (de)	teman	[tɛman]
vriendin (de)	teman wanita	[tɛman vanita]
partner (de)	rakan	[rakan]

chef (de)	bos	[bos]
baas (de)	kepala	[kɛpala]
eigenaar (de)	pemilik	[pɛmilik]
ondergeschikte (de)	orang bawahan	[oraŋ bavahan]
collega (de)	rakan	[rakan]
kennis (de)	kenalan	[kɛnalan]
medereiziger (de)	rakan seperjalanan	[rakan sɛpɛrdʒalanan]
klasgenoot (de)	teman sedarjah	[tɛman sɛdardʒah]
buurman (de)	jiran lelaki	[dʒiran lɛlaki]
buurvrouw (de)	jiran perempuan	[dʒiran pɛrɛmpuan]
buren (mv.)	jiran	[dʒiran]

MENSELIJK LICHAAM. GENEESKUNDE

61. Hoofd

hoofd (het)	kepala	[kɛpala]
gezicht (het)	muka	[muka]
neus (de)	hidung	[hiduŋ]
mond (de)	mulut	[mulut]
oog (het)	mata	[mata]
ogen (mv.)	mata	[mata]
pupil (de)	anak mata	[anak mata]
wenkbrauw (de)	kening	[kɛniŋ]
wimper (de)	bulu mata	[bulu mata]
ooglid (het)	kekopak mata	[kɛkopak mata]
tong (de)	lidah	[lidah]
tand (de)	gigi	[gigi]
lippen (mv.)	bibir	[bibir]
jukbeenderen (mv.)	tulang pipi	[tulaŋ pipi]
tandvlees (het)	gusi	[gusi]
gehemelte (het)	lelangit	[lɛlaŋit]
neusgaten (mv.)	lubang hidung	[lubaŋ hiduŋ]
kin (de)	dagu	[dagu]
kaak (de)	rahang	[rahaŋ]
wang (de)	pipi	[pipi]
voorhoofd (het)	dahi	[dahi]
slaap (de)	pelipis	[pɛlipis]
oor (het)	telinga	[tɛliŋa]
achterhoofd (het)	tengkuk	[tɛŋkuk]
hals (de)	leher	[leher]
keel (de)	kerongkong	[kɛroŋkoŋ]
haren (mv.)	rambut	[rambut]
kapsel (het)	potongan rambut	[potoŋan rambut]
haarsnit (de)	potongan rambut	[potoŋan rambut]
pruik (de)	rambut palsu, wig	[rambut palsu], [vig]
snor (de)	misai	[misaj]
baard (de)	janggut	[dʒaŋgut]
dragen (een baard, enz.)	memelihara	[mɛmɛlihara]
vlecht (de)	tocang	[totʃaŋ]
bakkebaarden (mv.)	jambang	[dʒambaŋ]
ros (roodachtig, rossig)	berambut merah perang	[bɛrambut mɛrah peraŋ]
grijs (~ haar)	beruban	[bɛruban]
kaal (bn)	botak	[botak]
kale plek (de)	botak	[botak]

paardenstaart (de)	ikat ekor kuda	[ikat ekor kuda]
pony (de)	jambul	[dʒambul]

62. Menselijk lichaam

hand (de)	tangan	[taŋan]
arm (de)	lengan	[lɛŋan]

vinger (de)	jari	[dʒari]
teen (de)	jari	[dʒari]
duim (de)	ibu jari	[ibu dʒari]
pink (de)	jari kelengkeng	[dʒari kɛleŋkŋ]
nagel (de)	kuku	[kuku]

vuist (de)	penumbuk	[pɛnumbuk]
handpalm (de)	telapak	[tɛlapak]
pols (de)	pergelangan	[pɛrgɛlaŋan]
voorarm (de)	lengan bawah	[lɛŋan bavah]
elleboog (de)	siku	[siku]
schouder (de)	bahu	[bahu]

been (rechter ~)	kaki	[kaki]
voet (de)	telapak kaki	[telapak kaki]
knie (de)	lutut	[lutut]
kuit (de)	betis	[bɛtis]
heup (de)	paha	[paha]
hiel (de)	tumit	[tumit]

lichaam (het)	badan	[badan]
buik (de)	perut	[prut]
borst (de)	dada	[dada]
borst (de)	tetek	[tetek]
zijde (de)	rusuk	[rusuk]
rug (de)	belakang	[blakaŋ]
lage rug (de)	pinggul	[piŋgul]
taille (de)	pinggang	[piŋgaŋ]

navel (de)	pusat	[pusat]
billen (mv.)	punggung	[puŋguŋ]
achterwerk (het)	punggung	[puŋguŋ]

huidvlek (de)	tahi lalat manis	[tahi lalat manis]
moedervlek (de)	tanda kelahiran	[tanda kɛlahiran]
tatoeage (de)	tatu	[tatu]
litteken (het)	bekas luka	[bɛkas luka]

63. Ziekten

ziekte (de)	penyakit	[pɛnjakit]
ziek zijn (ww)	sakit	[sakit]
gezondheid (de)	kesihatan	[kɛsihatan]
snotneus (de)	hidung berair	[hiduŋ bɛrair]

angina (de)	radang tenggorok	[radaŋ tɛŋgorok]
verkoudheid (de)	selesema	[sɛlsɛma]
verkouden raken (ww)	demam selesema	[dɛmam sɛlsɛma]

bronchitis (de)	bronkitis	[broŋkitis]
longontsteking (de)	radang paru-paru	[radaŋ paru paru]
griep (de)	selesema	[sɛlsɛma]

bijziend (bn)	rabun jauh	[rabun dʒauh]
verziend (bn)	rabun dekat	[rabun dɛkat]
scheelheid (de)	mata juling	[mata dʒuliŋ]
scheel (bn)	bermata juling	[bɛrmata dʒuliŋ]
grauwe staar (de)	katarak	[katarak]
glaucoom (het)	glaukoma	[glaukoma]

beroerte (de)	angin amhar	[aŋin amhar]
hartinfarct (het)	serangan jantung	[sɛraŋan dʒantuŋ]
myocardiaal infarct (het)	serangan jantung	[sɛraŋan dʒantuŋ]
verlamming (de)	lumpuh	[lumpuh]
verlammen (ww)	melumpuhkan	[mɛlumpuhkan]

allergie (de)	alahan	[alahan]
astma (de/het)	penyakit lelah	[pɛnjakit lɛlah]
diabetes (de)	diabetes	[diabetes]

| tandpijn (de) | sakit gigi | [sakit gigi] |
| tandbederf (het) | karies | [karis] |

diarree (de)	cirit-birit	[tʃirit birit]
constipatie (de)	sembelit	[sɛmbɛlit]
maagstoornis (de)	sakit perut	[sakit prut]
voedselvergiftiging (de)	keracunan	[kɛratʃunan]
voedselvergiftiging oplopen	keracunan	[kɛratʃunan]

artritis (de)	artritis	[artritis]
rachitis (de)	penyakit riket	[penjakit riket]
reuma (het)	reumatisme	[reumatismɛ]
arteriosclerose (de)	aterosklerosis	[aterosklerosis]

gastritis (de)	gastritis	[gastritis]
blindedarmontsteking (de)	apendisitis	[apendisitis]
galblaasontsteking (de)	radang pundi hempedu	[radaŋ pundi hɛmpɛdu]
zweer (de)	ulser	[ulser]

mazelen (mv.)	campak	[tʃampak]
rodehond (de)	penyakit campak Jerman	[pɛnjakit tʃampak dʒerman]
geelzucht (de)	sakit kuning	[sakit kuniŋ]
leverontsteking (de)	hepatitis	[hepatitis]

schizofrenie (de)	skizofrenia	[skizofrenia]
dolheid (de)	penyakit anjing gila	[pɛnjakit andʒiŋ gila]
neurose (de)	neurosis	[neurosis]
hersenschudding (de)	gegaran otak	[gɛgaran otak]

| kanker (de) | barah, kanser | [barah], [kansɛr] |
| sclerose (de) | sklerosis | [sklerosis] |

multiple sclerose (de)	sklerosis berbilang	[sklerosis bɛrbilaŋ]
alcoholisme (het)	alkoholisme	[alkoholismɛ]
alcoholicus (de)	kaki arak	[kaki arak]
syfilis (de)	sifilis	[sifilis]
AIDS (de)	AIDS	[ejds]

tumor (de)	tumor	[tumor]
kwaadaardig (bn)	ganas	[ganas]
goedaardig (bn)	bukan barah	[bukan barah]

koorts (de)	demam	[dɛmam]
malaria (de)	malaria	[malaria]
gangreen (het)	kelemayuh	[kɛlɛmajuh]
zeeziekte (de)	mabuk laut	[mabuk laut]
epilepsie (de)	epilepsi	[epilepsi]

epidemie (de)	wabak	[vabak]
tyfus (de)	tifus	[tifus]
tuberculose (de)	tuberkulosis	[tubɛrkulosis]
cholera (de)	penyakit taun	[pɛnjakit taun]
pest (de)	sampar	[sampar]

64. Symptomen. Behandelingen. Deel 1

symptoom (het)	tanda	[tanda]
temperatuur (de)	suhu	[suhu]
verhoogde temperatuur (de)	suhu tinggi	[suhu tiŋgi]
polsslag (de)	nadi	[nadi]

duizeling (de)	rasa pening	[rasa pɛniŋ]
heet (erg warm)	panas	[panas]
koude rillingen (mv.)	gigil	[gigil]
bleek (bn)	pucat	[putʃat]

hoest (de)	batuk	[batuk]
hoesten (ww)	batuk	[batuk]
niezen (ww)	bersin	[bɛrsin]
flauwte (de)	pengsan	[peŋsan]
flauwvallen (ww)	jatuh pengsan	[dʒatuh peŋsan]

blauwe plek (de)	luka lebam	[luka lɛbam]
buil (de)	bengkak	[bɛŋkak]
zich stoten (ww)	melanggar	[mɛlaŋgar]
kneuzing (de)	luka memar	[luka mɛmar]
kneuzen (gekneusd zijn)	kena luka memar	[kɛna luka mɛmar]

hinken (ww)	berjalan pincang	[bɛrdʒalan pintʃaŋ]
verstuiking (de)	seliuh	[sɛliuh]
verstuiken (enkel, enz.)	terseliuh	[tɛrɛeliuh]
breuk (de)	patah	[patah]
een breuk oplopen	patah	[patah]

| snijwond (de) | hirisan | [hirisan] |
| zich snijden (ww) | terhiris | [tɛrhiris] |

bloeding (de)	pendarahan	[pɛndarahan]
brandwond (de)	luka bakar	[luka bakar]
zich branden (ww)	terkena luka bakar	[tɛrkɛna luka bakar]

prikken (ww)	mencucuk	[mɛntʃutʃuk]
zich prikken (ww)	tercucuk	[tɛrtʃutʃuk]
blesseren (ww)	mencedera	[mntʃedɛra]
blessure (letsel)	cedera	[tʃedɛra]
wond (de)	cedera	[tʃedɛra]
trauma (het)	trauma	[trauma]

ijlen (ww)	meracau	[mɛratʃau]
stotteren (ww)	gagap	[gagap]
zonnesteek (de)	strok matahari	[strok matahari]

65. Symptomen. Behandelingen. Deel 2

pijn (de)	sakit	[sakit]
splinter (de)	selumbar	[sɛlumbar]

zweet (het)	peluh	[pɛluh]
zweten (ww)	berpeluh	[bɛrpɛluh]
braking (de)	muntah	[muntah]
stuiptrekkingen (mv.)	kekejangan	[kɛkɛdʒaŋan]

zwanger (bn)	hamil	[hamil]
geboren worden (ww)	dilahirkan	[dilahirkan]
geboorte (de)	kelahiran	[kɛlahiran]
baren (ww)	melahirkan	[mɛlahirkan]
abortus (de)	pengguguran anak	[pɛŋguguran anak]

ademhaling (de)	pernafasan	[pɛrnafasan]
inademing (de)	tarikan nafas	[tarikan nafas]
uitademing (de)	penghembusan nafas	[pɛŋɣɛmbusan nafas]
uitademen (ww)	menghembuskan nafas	[mɛŋɣɛmbuskan nafas]
inademen (ww)	menarik nafas	[mɛnarik nafas]

invalide (de)	orang kurang upaya	[oraŋ kuraŋ upaja]
gehandicapte (de)	orang kurang upaya	[oraŋ kuraŋ upaja]
drugsverslaafde (de)	penagih dadah	[pɛnagih dadah]

doof (bn)	tuli	[tuli]
stom (bn)	bisu	[bisu]
doofstom (bn)	bisu tuli	[bisu tuli]

krankzinnig (bn)	gila	[gila]
krankzinnige (man)	lelaki gila	[lɛlaki gila]
krankzinnige (vrouw)	perempuan gila	[pɛrɛmpuan gila]
krankzinnig worden	menjadi gila	[mɛndʒadi gila]

gen (het)	gen	[gen]
immuniteit (de)	kekebalan	[kɛkɛbalan]
erfelijk (bn)	pusaka, warisan	[pusaka], [varisan]
aangeboren (bn)	bawaan	[bavaan]

virus (het)	virus	[virus]
microbe (de)	kuman	[kuman]
bacterie (de)	kuman	[kuman]
infectie (de)	jangkitan	[dʒaŋkitan]

66. Symptomen. Behandelingen. Deel 3

ziekenhuis (het)	hospital	[hospital]
patiënt (de)	pesakit	[pɛsakit]
diagnose (de)	diagnosis	[diagnosis]
genezing (de)	rawatan	[ravatan]
medische behandeling (de)	rawatan	[ravatan]
onder behandeling zijn	berubat	[bɛrubat]
behandelen (ww)	merawat	[mɛravat]
zorgen (zieken ~)	merawat	[mɛravat]
ziekenzorg (de)	jagaan	[dʒagaan]
operatie (de)	pembedahan, surgeri	[pɛmbɛdahan], ['sødʒeri]
verbinden (een arm ~)	membalut	[membalut]
verband (het)	pembalutan	[pɛmbalutan]
vaccin (het)	suntikan	[suntikan]
inenten (vaccineren)	menanam cacar	[mɛnanam tʃatʃar]
injectie (de)	cucukan, injeksi	[tʃutʃukan], [indʒeksi]
een injectie geven	membuat suntikan	[mɛmbuat suntikan]
aanval (de)	serangan	[sɛraŋan]
amputatie (de)	pemotongan	[pɛmotoŋan]
amputeren (ww)	memotong	[mɛmotoŋ]
coma (het)	keadaan koma	[kɛadaan koma]
in coma liggen	dalam keadaan koma	[dalam kɛadaan koma]
intensieve zorg, ICU (de)	rawatan rapi	[ravatan rapi]
zich herstellen (ww)	sembuh	[sɛmbuh]
toestand (de)	keadaan	[kɛadaan]
bewustzijn (het)	kesedaran	[kɛsedaran]
geheugen (het)	ingatan	[iŋatan]
trekken (een kies ~)	mencabut	[mɛntʃabut]
vulling (de)	tampal gigi	[tampal gigi]
vullen (ww)	menampal	[mɛnampal]
hypnose (de)	hipnosis	[hipnosis]
hypnotiseren (ww)	menghipnosis	[mɛŋɣipnosis]

67. Geneeskunde. Medicijnen. Accessoires

geneesmiddel (het)	ubat	[ubat]
middel (het)	ubat	[ubat]
voorschrijven (ww)	mempreskripsikan	[mɛmpreskripsikan]
recept (het)	preskripsi	[preskripsi]

tablet (de/het)	pil	[pil]
zalf (de)	ubat sapu	[ubat sapu]
ampul (de)	ampul	[ampul]
drank (de)	ubat cair	[ubat tʃair]
siroop (de)	sirup	[sirup]
pil (de)	pil	[pil]
poeder (de/het)	serbuk	[sɛrbuk]
verband (het)	kain pembalut	[kain pɛmbalut]
watten (mv.)	kapas	[kapas]
jodium (het)	iodin	[iodin]
pleister (de)	plaster	[plastɛr]
pipet (de)	pipet	[pipet]
thermometer (de)	meter suhu	[metɛr suhu]
spuit (de)	picagari	[pitʃagari]
rolstoel (de)	kerusi roda	[krusi roda]
krukken (mv.)	tongkat ketiak	[toŋkat kɛtiak]
pijnstiller (de)	ubat penahan sakit	[ubat pɛnahan sakit]
laxeermiddel (het)	julap	[dʒulap]
spiritus (de)	alkohol	[alkohol]
medicinale kruiden (mv.)	herba perubatan	[hɛrba pɛrubatan]
kruiden- (abn)	herba	[hɛrba]

APPARTEMENT

68. Appartement

appartement (het)	pangsapuri	[paŋsapuri]
kamer (de)	bilik	[bilik]
slaapkamer (de)	bilik tidur	[bilik tidur]
eetkamer (de)	bilik makan	[bilik makan]
salon (de)	ruang tamu	[ruaŋ tamu]
studeerkamer (de)	bilik bacaan	[bilik batʃaan]
gang (de)	ruang depan	[ruaŋ dɛpan]
badkamer (de)	bilik mandi	[bilik mandi]
toilet (het)	tandas	[tandas]
plafond (het)	siling	[siliŋ]
vloer (de)	lantai	[lantaj]
hoek (de)	sudut	[sudut]

69. Meubels. Interieur

meubels (mv.)	perabot	[pɛrabot]
tafel (de)	meja	[medʒa]
stoel (de)	kerusi	[krusi]
bed (het)	katil	[katil]
bankstel (het)	sofa	[sofa]
fauteuil (de)	kerusi tangan	[krusi taŋan]
boekenkast (de)	almari buku	[almari buku]
boekenrek (het)	rak	[rak]
kledingkast (de)	almari	[almari]
kapstok (de)	tempat sangkut baju	[tɛmpat saŋkut badʒu]
staande kapstok (de)	penyangkut kot	[pɛnjaŋkut kot]
commode (de)	almari laci	[almari latʃi]
salontafeltje (het)	meja tamu	[medʒa tamu]
spiegel (de)	cermin	[tʃɛrmin]
tapijt (het)	permaidani	[pɛrmajdani]
tapijtje (het)	ambal	[ambal]
haard (de)	perapian	[pɛrapian]
kaars (de)	linlin	[linlin]
kandelaar (de)	kaki dian	[kaki dian]
gordijnen (mv.)	langsir	[laŋsir]
behang (het)	kertas dinding	[kɛrtas dindiŋ]

jaloezie (de)	kerai	[kraj]
bureaulamp (de)	lampu meja	[lampu medʒa]
wandlamp (de)	lampu dinding	[lampu dindiŋ]
staande lamp (de)	lampu lantai	[lampu lantaj]
luchter (de)	candelier	[tʃandelir]

poot (ov. een tafel, enz.)	kaki	[kaki]
armleuning (de)	lengan	[lɛŋan]
rugleuning (de)	sandaran	[sandaran]
la (de)	laci	[latʃi]

70. Beddengoed

beddengoed (het)	linen	[linen]
kussen (het)	bantal	[bantal]
kussenovertrek (de)	sarung bantal	[saruŋ bantal]
deken (de)	selimut	[sɛlimut]
laken (het)	kain cadar	[kain tʃadar]
sprei (de)	tutup tilam bantal	[tutup tilam bantal]

71. Keuken

keuken (de)	dapur	[dapur]
gas (het)	gas	[gas]
gasfornuis (het)	dapur gas	[dapur gas]
elektrisch fornuis (het)	dapur elektrik	[dapur elektrik]
oven (de)	oven	[oven]
magnetronoven (de)	dapur gelombang mikro	[dapur gɛlombaŋ mikro]

koelkast (de)	peti sejuk	[pɛti sɛdʒuk]
diepvriezer (de)	petak sejuk beku	[petak sɛdʒuk bɛku]
vaatwasmachine (de)	mesin basuh pinggan mangkuk	[mesin basuh piŋgan maŋkuk]

vleesmolen (de)	pengisar daging	[pɛŋisar dagiŋ]
vruchtenpers (de)	pemerah jus	[pɛmɛrah dʒus]
toaster (de)	pembakar roti	[pɛmbakar roti]
mixer (de)	pengadun	[pɛŋadun]

koffiemachine (de)	pembuat kopi	[pɛmbuat kopi]
koffiepot (de)	kole kopi	[kole kopi]
koffiemolen (de)	pengisar kopi	[pɛŋisar kopi]

fluitketel (de)	cerek	[tʃerek]
theepot (de)	poci	[potʃi]
deksel (de/het)	tutup	[tutup]
theezeefje (het)	penapis the	[pɛnapis teh]

lepel (de)	sudu	[sudu]
theelepeltje (het)	sudu teh	[sudu teh]
eetlepel (de)	sudu makan	[sudu makan]
vork (de)	garpu	[garpu]

mes (het)	pisau	[pisau]
vaatwerk (het)	pinggan mangkuk	[piŋgan maŋkuk]
bord (het)	pinggan	[piŋgan]
schoteltje (het)	alas cawan	[alas ʧavan]
likeurglas (het)	gelas wain kecil	[glas vajn keʧil]
glas (het)	gelas	[glas]
kopje (het)	cawan	[ʧavan]
suikerpot (de)	tempat gula	[tɛmpat gula]
zoutvat (het)	tempat garam	[tɛmpat garam]
pepervat (het)	tempat lada	[tɛmpat lada]
boterschaaltje (het)	tempat mentega	[tɛmpat mɛntega]
pan (de)	periuk	[priuk]
bakpan (de)	kuali	[kuali]
pollepel (de)	sendok	[sendok]
vergiet (de/het)	alat peniris	[alat pɛniris]
dienblad (het)	dulang	[dulaŋ]
fles (de)	botol	[botol]
glazen pot (de)	balang	[balaŋ]
blik (conserven~)	tin	[tin]
flesopener (de)	pembuka botol	[pɛmbuka botol]
blikopener (de)	pembuka tin	[pɛmbuka tin]
kurkentrekker (de)	skru gabus	[skru gabus]
filter (de/het)	penapis	[pɛnapis]
filteren (ww)	menapis	[mɛnapis]
huisvuil (het)	sampah	[sampah]
vuilnisemmer (de)	baldi sampah	[baldi sampah]

72. Badkamer

badkamer (de)	bilik mandi	[bilik mandi]
water (het)	air	[air]
kraan (de)	pili	[pili]
warm water (het)	air panas	[air panas]
koud water (het)	air sejuk	[air sɛdʒuk]
tandpasta (de)	ubat gigi	[ubat gigi]
tanden poetsen (ww)	memberus gigi	[mɛmbɛrus gigi]
tandenborstel (de)	berus gigi	[bɛrus gigi]
zich scheren (ww)	bercukur	[bɛrʧukur]
scheercrème (de)	buih cukur	[buih ʧukur]
scheermes (het)	pisau cukur	[pisau ʧukur]
wassen (ww)	mencuci	[mɛnʧuʧi]
een bad nemen	mandi	[mandi]
douche (de)	pancuran mandi	[panʧuran mandi]
een douche nemen	mandi di bawah	[mandi di bavah
	pancuran air	panʧuran air]

bad (het)	tab mandi	[tab mandi]
toiletpot (de)	mangkuk tandas	[maŋkuk tandas]
wastafel (de)	sink cuci tangan	[siŋk ʧuʧi taŋan]

| zeep (de) | sabun | [sabun] |
| zeepbakje (het) | tempat sabun | [tɛmpat sabun] |

spons (de)	span	[span]
shampoo (de)	syampu	[ʃampu]
handdoek (de)	tuala	[tuala]
badjas (de)	jubah mandi	[dʒubah mandi]

was (bijv. handwas)	pembasuhan	[pɛmbasuhan]
wasmachine (de)	mesin pembasuh	[mesin pɛmbasuh]
de was doen	membasuh	[mɛmbasuh]
waspoeder (de)	serbuk pencuci	[serbuk pɛnʧuʧi]

73. Huishoudelijke apparaten

televisie (de)	peti televisyen	[pɛti televiʃɛn]
cassettespeler (de)	perakam	[pɛrakam]
videorecorder (de)	perakam video	[pɛrakam video]
radio (de)	pesawat radio	[pɛsavat radio]
speler (de)	pemain	[pɛmajn]

videoprojector (de)	penayang video	[pɛnajaŋ video]
home theater systeem (het)	pawagam rumah	[pavagam rumah]
DVD-speler (de)	pemain DVD	[pɛmajn di vi di]
versterker (de)	penguat	[pɛŋwat]
spelconsole (de)	konsol permainan video	[konsol pɛrmajnan video]

videocamera (de)	kamera video	[kamera video]
fotocamera (de)	kamera foto	[kamera foto]
digitale camera (de)	kamera digital	[kamera digital]

stofzuiger (de)	pembersih vakum	[pɛmbɛrsih vakum]
strijkijzer (het)	seterika	[sɛtɛrika]
strijkplank (de)	papan seterika	[papan sɛtɛrika]

telefoon (de)	telefon	[telefon]
mobieltje (het)	telefon bimbit	[telefon bimbit]
schrijfmachine (de)	mesin taip	[mesin tajp]
naaimachine (de)	mesin jahit	[mesin dʒahit]

microfoon (de)	mikrofon	[mikrofon]
koptelefoon (de)	pendengar telinga	[pɛndɛŋar tɛliŋa]
afstandsbediening (de)	alat kawalan jauh	[alat kavalan dʒauh]

CD (de)	cakera padat	[ʧakra padat]
cassette (de)	kaset	[kaset]
vinylplaat (de)	piring hitam	[piriŋ hitam]

DE AARDE. WEER

74. De kosmische ruimte

kosmos (de)	angkasa lepas	[aŋkasa lɛpas]
kosmisch (bn)	angkasa lepas	[aŋkasa lɛpas]
kosmische ruimte (de)	ruang angkasa lepas	[ruaŋ aŋkasa lɛpas]
wereld (de), heelal (het)	alam semesta	[alam sɛmɛsta]
wereld (de)	dunia	[dunia]
sterrenstelsel (het)	Bimasakti	[bimasakti]
ster (de)	bintang	[bintaŋ]
sterrenbeeld (het)	gugusan bintang	[gugusan bintaŋ]
planeet (de)	planet	[planet]
satelliet (de)	satelit	[satɛlit]
meteoriet (de)	meteorit	[meteorit]
komeet (de)	komet	[komet]
asteroïde (de)	asteroid	[asteroid]
baan (de)	edaran, orbit	[edaran], [orbit]
draaien (om de zon, enz.)	berputar	[bɛrputar]
atmosfeer (de)	udara	[udara]
Zon (de)	Matahari	[matahari]
zonnestelsel (het)	tata surya	[tata surja]
zonsverduistering (de)	gerhana matahari	[gɛrhana matahari]
Aarde (de)	Bumi	[bumi]
Maan (de)	Bulan	[bulan]
Mars (de)	Marikh	[mariχ]
Venus (de)	Zuhrah	[zuhrah]
Jupiter (de)	Musytari	[muʃtari]
Saturnus (de)	Zuhal	[zuhal]
Mercurius (de)	Utarid	[utarid]
Uranus (de)	Uranus	[uranus]
Neptunus (de)	Waruna	[varuna]
Pluto (de)	Pluto	[pluto]
Melkweg (de)	Bima Sakti	[bima sakti]
Grote Beer (de)	Bintang Biduk	[bintaŋ biduk]
Poolster (de)	Bintang Utara	[bintaŋ utara]
marsmannetje (het)	makhluk dari Marikh	[mahluk dari marih]
buitenaards wezen (het)	makhluk ruang angkasa	[maχluk ruaŋ aŋkasa]
bovenaards (het)	makhluk asing	[mahluk asiŋ]
vliegende schotel (de)	piring terbang	[piriŋ tɛrbaŋ]
ruimtevaartuig (het)	kapal angkasa lepas	[kapal aŋkasa lɛpas]

ruimtestation (het)	stesen orbit angkasa	[stesen orbit aŋkasa]
start (de)	pelancaran	[pɛlantʃaran]
motor (de)	enjin	[endʒin]
straalpijp (de)	muncung	[muntʃuŋ]
brandstof (de)	bahan bakar	[bahan bakar]
cabine (de)	kokpit	[kokpit]
antenne (de)	aerial	[aerial]
patrijspoort (de)	tingkap kapal	[tiŋkap kapal]
zonnebatterij (de)	sel surya	[sel surja]
ruimtepak (het)	pakaian angkasawan	[pakajan aŋkasavan]
gewichtloosheid (de)	keadaan graviti sifar	[kɛadaan graviti sifar]
zuurstof (de)	oksigen	[oksigɛn]
koppeling (de)	percantuman	[pɛrtʃantuman]
koppeling maken	melakukan cantuman	[mɛlakukan tʃantuman]
observatorium (het)	balai cerap	[balaj tʃɛrap]
telescoop (de)	teleskop	[teleskop]
waarnemen (ww)	menyaksikan	[mɛnjaksikan]
exploreren (ww)	menjelajahi	[mɛndʒɛladʒahi]

75. De Aarde

Aarde (de)	Bumi	[bumi]
aardbol (de)	bola Bumi	[bola bumi]
planeet (de)	planet	[planet]
atmosfeer (de)	udara	[udara]
aardrijkskunde (de)	geografi	[geografi]
natuur (de)	alam	[alam]
wereldbol (de)	glob	[glob]
kaart (de)	peta	[pɛta]
atlas (de)	atlas	[atlas]
Europa (het)	Eropah	[eropa]
Azië (het)	Asia	[asia]
Afrika (het)	Afrika	[afrika]
Australië (het)	Australia	[australia]
Amerika (het)	Amerika	[amerika]
Noord-Amerika (het)	Amerika Utara	[amerika utara]
Zuid-Amerika (het)	Amerika Selatan	[amerika sɛlatan]
Antarctica (het)	Antartika	[antartika]
Arctis (de)	Artik	[artik]

76. Windrichtingen

noorden (het)	utara	[utara]
naar het noorden	ke utara	[kɛ utara]

| in het noorden | di utara | [di utara] |
| noordelijk (bn) | utara | [utara] |

zuiden (het)	selatan	[sɛlatan]
naar het zuiden	ke selatan	[kɛ sɛlatan]
in het zuiden	di selatan	[di sɛlatan]
zuidelijk (bn)	selatan	[sɛlatan]

westen (het)	barat	[barat]
naar het westen	ke barat	[kɛ barat]
in het westen	di barat	[di barat]
westelijk (bn)	barat	[barat]

oosten (het)	timur	[timur]
naar het oosten	ke timur	[kɛ timur]
in het oosten	di timur	[di timur]
oostelijk (bn)	timur	[timur]

77. Zee. Oceaan

zee (de)	laut	[laut]
oceaan (de)	lautan	[lautan]
golf (baai)	teluk	[tɛluk]
straat (de)	selat	[sɛlat]

| grond (vaste grond) | daratan | [daratan] |
| continent (het) | benua | [bɛnua] |

eiland (het)	pulau	[pulau]
schiereiland (het)	semenanjung	[sɛmɛnandʒuŋ]
archipel (de)	kepulauan	[kɛpulawan]

baai, bocht (de)	teluk	[tɛluk]
haven (de)	pelabuhan	[pɛlabuhan]
lagune (de)	lagun	[lagun]
kaap (de)	tanjung	[tandʒuŋ]

atol (de)	pulau cincin	[pulau tʃintʃin]
rif (het)	terumbu	[tɛrumbu]
koraal (het)	karang	[karaŋ]
koraalrif (het)	terumbu karang	[tɛrumbu karaŋ]

diep (bn)	dalam	[dalam]
diepte (de)	kedalaman	[kɛdalaman]
diepzee (de)	jurang	[dʒuraŋ]
trog (bijv. Marianentrog)	jurang	[dʒuraŋ]

| stroming (de) | arus | [arus] |
| omspoelen (ww) | bersempadan | [bɛrsɛmpadan] |

oever (de)	pantai	[pantaj]
kust (de)	pantai	[pantaj]
vloed (de)	air pasang	[air pasaŋ]
eb (de)	air surut	[air surut]

| ondiepte (ondiep water) | beting | [bɛtiŋ] |
| bodem (de) | dasar | [dasar] |

golf (hoge ~)	gelombang	[gɛlombaŋ]
golfkam (de)	puncak gelombang	[puntʃak gɛlombaŋ]
schuim (het)	buih	[buih]

storm (de)	badai	[badaj]
orkaan (de)	badai, taufan	[badaj], [taufan]
tsunami (de)	tsunami	[tsunami]
windstilte (de)	angin mati	[aŋin mati]
kalm (bijv. ~e zee)	tenang	[tɛnaŋ]

| pool (de) | khutub | [χutub] |
| polair (bn) | polar | [polar] |

breedtegraad (de)	garisan lintang	[garisan lintaŋ]
lengtegraad (de)	garisan bujur	[garisan budʒur]
parallel (de)	garisan latitud	[garisan latitud]
evenaar (de)	khatulistiwa	[χatulistiva]

hemel (de)	langit	[laŋit]
horizon (de)	kaki langit	[kaki laŋit]
lucht (de)	udara	[udara]

vuurtoren (de)	rumah api	[rumah api]
duiken (ww)	menyelam	[mɛnjelam]
zinken (ov. een boot)	karam	[karam]
schatten (mv.)	harta karun	[harta karun]

78. Namen van zeeën en oceanen

Atlantische Oceaan (de)	Lautan Atlantik	[lautan atlantik]
Indische Oceaan (de)	Lautan Hindia	[lautan hindia]
Stille Oceaan (de)	Lautan Teduh	[lautan tɛduh]
Noordelijke IJszee (de)	Lautan Arktik	[lautan arktik]

Zwarte Zee (de)	Laut Hitam	[laut hitam]
Rode Zee (de)	Laut Merah	[laut merah]
Gele Zee (de)	Laut Kuning	[laut kuniŋ]
Witte Zee (de)	Laut Putih	[laut putih]

Kaspische Zee (de)	Laut Caspian	[laut kaspian]
Dode Zee (de)	Laut Mati	[laut mati]
Middellandse Zee (de)	Laut Tengah	[laut tɛŋah]

| Egeïsche Zee (de) | Laut Aegean | [laut idʒian] |
| Adriatische Zee (de) | Laut Adriatik | [laut adriatik] |

Arabische Zee (de)	Laut Arab	[laut arab]
Japanse Zee (de)	Laut Jepun	[laut dʒepun]
Beringzee (de)	Laut Bering	[laut beriŋ]
Zuid-Chinese Zee (de)	Laut Cina Selatan	[laut tʃina sɛlatan]
Koraalzee (de)	Laut Coral	[laut koral]

| Tasmanzee (de) | Laut Tasmania | [laut tasmania] |
| Caribische Zee (de) | Laut Caribbean | [laut karibean] |

| Barentszzee (de) | Laut Barents | [laut barents] |
| Karische Zee (de) | Laut Kara | [laut kara] |

Noordzee (de)	Laut Utara	[laut utara]
Baltische Zee (de)	Laut Baltik	[laut baltik]
Noorse Zee (de)	Laut Norway	[laut norvej]

79. Bergen

berg (de)	gunung	[gunuŋ]
bergketen (de)	banjaran gunung	[bandʒaran gunuŋ]
gebergte (het)	rabung gunung	[rabuŋ gunuŋ]

bergtop (de)	puncak	[puntʃak]
bergpiek (de)	puncak	[puntʃak]
voet (ov. de berg)	kaki	[kaki]
helling (de)	cerun	[tʃɛrun]

vulkaan (de)	gunung berapi	[gunuŋ bɛrapi]
actieve vulkaan (de)	gunung berapi hidup	[gunuŋ bɛrapi hidup]
uitgedoofde vulkaan (de)	gunung api yang tidak aktif	[gunuŋ api jaŋ tidak aktif]

uitbarsting (de)	letusan	[lɛtusan]
krater (de)	kawah	[kavah]
magma (het)	magma	[magma]
lava (de)	lahar	[lahar]
gloeiend (~e lava)	pijar	[pidʒar]

kloof (canyon)	kanyon	[kanjon]
bergkloof (de)	jurang	[dʒuraŋ]
spleet (de)	krevis	[krevis]
afgrond (de)	jurang	[dʒuraŋ]

bergpas (de)	genting	[gɛntiŋ]
plateau (het)	penara	[pɛnara]
klip (de)	cenuram	[tʃɛnuram]
heuvel (de)	bukit	[bukit]

gletsjer (de)	glasier	[glasier]
waterval (de)	air terjun	[air tɛrdʒun]
geiser (de)	pancutan air panas	[pantʃutan air panas]
meer (het)	tasik	[tasik]

vlakte (de)	dataran	[dataran]
landschap (het)	pemandangan	[pɛmandaŋan]
echo (de)	kumandang	[kumandaŋ]

alpinist (de)	pendaki gunung	[pɛndaki gunuŋ]
bergbeklimmer (de)	pendaki batu	[pɛndaki batu]
trotseren (berg ~)	menaklukkan	[mɛnaklukkan]
beklimming (de)	pendakian	[pɛndakian]

80. Bergen namen

Alpen (de)	Alps	[alps]
Mont Blanc (de)	Mont Blanc	[mont blaŋk]
Pyreneeën (de)	Pyrenees	[pirinis]

Karpaten (de)	Pegunungan Carpathia	[pɛgunuŋan karpatia]
Oeralgebergte (het)	Pegunungan Ural	[pɛgunuŋan ural]
Kaukasus (de)	Kaukasia	[kaukasia]
Elbroes (de)	Elbrus	[elbrus]

Altaj (de)	Altai	[altaj]
Tiensjan (de)	Tien Shan	[tien ʃan]
Pamir (de)	Pamir	[pamir]
Himalaya (de)	Himalaya	[himalaja]
Everest (de)	Everest	[everest]

Andes (de)	Andes	[andes]
Kilimanjaro (de)	Kilimanjaro	[kilimandʒaro]

81. Rivieren

rivier (de)	sungai	[suŋaj]
bron (~ van een rivier)	mata air	[mata air]
rivierbedding (de)	dasar sungai	[dasar suŋaj]
rivierbekken (het)	lembah sungai	[lɛmbah suŋaj]
uitmonden in …	bermuara	[bɛrmuara]

zijrivier (de)	anak sungai	[anak suŋaj]
oever (de)	tepi	[tepi]

stroming (de)	arus	[arus]
stroomafwaarts (bw)	ke hilir	[kɛ hilir]
stroomopwaarts (bw)	ke hulu	[kɛ hulu]

overstroming (de)	banjir	[bandʒir]
overstroming (de)	air bah	[air bah]
buiten zijn oevers treden	meluap	[mɛluap]
overstromen (ww)	menggenangi	[mɛŋgɛnaɲi]

zandbank (de)	beting	[bɛtiŋ]
stroomversnelling (de)	jeram	[dʒɛram]

dam (de)	empangan	[ɛmpaŋan]
kanaal (het)	terusan	[tɛrusan]
spaarbekken (het)	takungan	[takuŋan]
sluis (de)	pintu air	[pintu air]

waterlichaam (het)	kolam	[kolam]
moeras (het)	bencah	[bɛntʃah]
broek (het)	paya	[paja]
draaikolk (de)	pusaran air	[pusaran air]
stroom (de)	anak sungai	[anak suŋaj]

| drink- (abn) | minum | [minum] |
| zoet (~ water) | tawar | [tavar] |

| ijs (het) | ais | [ajs] |
| bevriezen (rivier, enz.) | membeku | [mɛmbɛku] |

82. Namen van rivieren

| Seine (de) | Seine | [sɛn] |
| Loire (de) | Loire | [luar] |

Theems (de)	Thames	[tɛms]
Rijn (de)	Rhine	[rajn]
Donau (de)	Danube	[danub]

Wolga (de)	Volga	[volga]
Don (de)	Don	[don]
Lena (de)	Lena	[lena]

Gele Rivier (de)	Hwang Ho	[hvaŋ ho]
Blauwe Rivier (de)	Yangtze	[jaŋtze]
Mekong (de)	Mekong	[mekoŋ]
Ganges (de)	Ganges	[gandʒis]

Nijl (de)	sungai Nil	[suŋaj nil]
Kongo (de)	Congo	[koŋo]
Okavango (de)	Okavango	[okavaŋo]
Zambezi (de)	Zambezi	[zambezi]
Limpopo (de)	Limpopo	[limpopo]
Mississippi (de)	Mississippi	[misisipi]

83. Bos

| bos (het) | hutan | [hutan] |
| bos- (abn) | hutan | [hutan] |

oerwoud (dicht bos)	hutan lebat	[hutan lɛbat]
bosje (klein bos)	hutan kecil	[hutan kɛtʃil]
open plek (de)	cerang	[tʃɛraŋ]

| struikgewas (het) | belukar | [bɛlukar] |
| struiken (mv.) | pokok renek | [pokok renek] |

| paadje (het) | jalan setapak | [dʒalan sɛtapak] |
| ravijn (het) | gaung | [gauŋ] |

boom (de)	pokok	[pokok]
blad (het)	daun	[daun]
gebladerte (het)	daun-daunan	[daun daunan]

| vallende bladeren (mv.) | daun luruh | [daun luruh] |
| vallen (ov. de bladeren) | gugur | [gugur] |

boomtop (de)	puncak	[puntʃak]
tak (de)	cabang	[tʃabaŋ]
ent (de)	dahan	[dahan]
knop (de)	mata tunas	[mata tunas]
naald (de)	jejarum	[dʒɛdʒarum]
dennenappel (de)	buah konifer	[buah konifer]

boom holte (de)	lubang	[lubaŋ]
nest (het)	sarang	[saraŋ]
hol (het)	lubang	[lubaŋ]

stam (de)	batang	[bataŋ]
wortel (bijv. boom~s)	akar	[akar]
schors (de)	kulit	[kulit]
mos (het)	lumut	[lumut]

ontwortelen (een boom)	mencabut	[mɛntʃabut]
kappen (een boom ~)	menebang	[mɛnɛbaŋ]
ontbossen (ww)	membasmi hutan	[mɛmbasmi hutan]
stronk (de)	tunggul	[tuŋgul]

kampvuur (het)	unggun api	[uŋgun api]
bosbrand (de)	kebakaran	[kɛbakaran]
blussen (ww)	memadamkan	[mɛmadamkan]

boswachter (de)	renjer hutan	[rendʒɛr hutan]
bescherming (de)	perlindungan	[pɛrlinduŋan]
beschermen (bijv. de natuur ~)	melindungi	[mɛlinduŋi]
stroper (de)	penebang haram	[pɛnɛbaŋ haram]
val (de)	perangkap	[praŋkap]

| plukken (vruchten, enz.) | memetik | [mɛmɛtik] |
| verdwalen (de weg kwijt zijn) | sesat jalan | [sɛsat dʒalan] |

84. Natuurlijke hulpbronnen

natuurlijke rijkdommen (mv.)	kekayaan alam	[kɛkajaan alam]
delfstoffen (mv.)	galian	[galian]
lagen (mv.)	mendapan	[mɛndapan]
veld (bijv. olie~)	lapangan	[lapaŋan]

winnen (uit erts ~)	melombong	[mɛlomboŋ]
winning (de)	perlombongan	[pɛrlomboŋan]
erts (het)	bijih	[bidʒih]
mijn (bijv. kolenmijn)	lombong	[lomboŋ]
mijnschacht (de)	lombong	[lomboŋ]
mijnwerker (de)	buruh lombong	[buruh lomboŋ]

| gas (het) | gas | [gas] |
| gasleiding (de) | talian paip gas | [talian pajp gas] |

| olie (aardolie) | minyak | [minjak] |
| olieleiding (de) | saluran paip minyak | [saluran pajp minjak] |

oliebron (de)	telaga minyak	[tɛlaga minjak]
boortoren (de)	menara minyak	[mɛnara minjak]
tanker (de)	kapal tangki	[kapal taŋki]
zand (het)	pasir	[pasir]
kalksteen (de)	kapur	[kapur]
grind (het)	kerikil	[kɛrikil]
veen (het)	gambut	[gambut]
klei (de)	tanah liat	[tanah liat]
steenkool (de)	arang	[araŋ]
ijzer (het)	besi	[bɛsi]
goud (het)	emas	[ɛmas]
zilver (het)	perak	[perak]
nikkel (het)	nikel	[nikɛl]
koper (het)	tembaga	[tɛmbaga]
zink (het)	zink	[ziŋk]
mangaan (het)	mangan	[maŋan]
kwik (het)	air raksa	[air raksa]
lood (het)	timah hitam	[timah hitam]
mineraal (het)	galian	[galian]
kristal (het)	hablur	[hablur]
marmer (het)	pualam	[pualam]
uraan (het)	uranium	[uranium]

85. Weer

weer (het)	cuaca	[ʧuaʧa]
weersvoorspelling (de)	ramalan cuaca	[ramalan ʧuaʧa]
temperatuur (de)	suhu	[suhu]
thermometer (de)	termometer	[tɛrmomɛtɛr]
barometer (de)	barometer	[baromɛtɛr]
vochtig (bn)	lembap	[lɛmbap]
vochtigheid (de)	kelembapan	[kɛlɛmbapan]
hitte (de)	panas terik	[panas tɛrik]
heet (bn)	panas terik	[panas tɛrik]
het is heet	panas	[panas]
het is warm	panas	[panas]
warm (bn)	hangat	[haŋat]
het is koud	cuaca sejuk	[ʧuaʧa sɛdʒuk]
koud (bn)	sejuk	[sɛdʒuk]
zon (de)	matahari	[matahari]
schijnen (de zon)	bersinar	[bɛrsinar]
zonnig (~e dag)	cerah	[ʧɛrah]
opgaan (ov. de zon)	terbit	[tɛrbit]
ondergaan (ww)	duduk	[duduk]
wolk (de)	awan	[awan]

bewolkt (bn)	berawan	[bɛravan]
regenwolk (de)	awan mendung	[avan mɛnduŋ]
somber (bn)	mendung	[mɛnduŋ]

regen (de)	hujan	[hudʒan]
het regent	hujan turun	[hudʒan turun]
regenachtig (bn)	hujan	[hudʒan]
motregenen (ww)	renyai-renyai	[rɛnjai rɛnjai]

plensbui (de)	hujan lebat	[hudʒan lɛbat]
stortbui (de)	hujan lebat	[hudʒan lɛbat]
hard (bn)	lebat	[lɛbat]
plas (de)	lopak	[lopak]
nat worden (ww)	kebasahan	[kɛbasahan]

mist (de)	kabus	[kabus]
mistig (bn)	berkabus	[bɛrkabus]
sneeuw (de)	salji	[saldʒi]
het sneeuwt	salji turun	[saldʒi turun]

86. Zwaar weer. Natuurrampen

noodweer (storm)	hujan ribut	[hudʒan ribut]
bliksem (de)	kilat	[kilat]
flitsen (ww)	berkilau	[bɛrkilau]

donder (de)	guruh	[guruh]
donderen (ww)	bergemuruh	[bɛrgɛmuruh]
het dondert	guruh berbunyi	[guruh bɛrbunji]

| hagel (de) | hujan batu | [hudʒan batu] |
| het hagelt | hujan batu turun | [hudʒan batu turun] |

| overstromen (ww) | menggenangi | [mɛŋgɛnaɲi] |
| overstroming (de) | banjir | [bandʒir] |

aardbeving (de)	gempa bumi	[gɛmpa bumi]
aardschok (de)	gegaran	[gɛgaran]
epicentrum (het)	titik	[titik]

| uitbarsting (de) | letusan | [lɛtusan] |
| lava (de) | lahar | [lahar] |

wervelwind (de)	puting beliung	[putiŋ bɛliuŋ]
windhoos (de)	tornado	[tornado]
tyfoon (de)	taufan	[taufan]

orkaan (de)	badai, taufan	[badaj], [taufan]
storm (de)	badai	[badaj]
tsunami (de)	tsunami	[ʦunami]

cycloon (de)	siklon	[siklon]
onweer (het)	cuaca buruk	[ʧuaʧa buruk]
brand (de)	kebakaran	[kɛbakaran]

ramp (de)	bencana	[bɛntʃana]
meteoriet (de)	meteorit	[meteorit]
lawine (de)	runtuhan	[runtuhan]
sneeuwverschuiving (de)	salji runtuh	[saldʒi runtuh]
sneeuwjacht (de)	badai salji	[badaj saldʒi]
sneeuwstorm (de)	ribut salji	[ribut saldʒi]

FAUNA

87. Zoogdieren. Roofdieren

roofdier (het)	pemangsa	[pɛmaŋsa]
tijger (de)	harimau	[harimau]
leeuw (de)	singa	[siŋa]
wolf (de)	serigala	[srigala]
vos (de)	rubah	[rubah]
jaguar (de)	jaguar	[dʒaguar]
luipaard (de)	harimau akar	[harimau akar]
jachtluipaard (de)	harimau bintang	[harimau bintaŋ]
panter (de)	harimau kumbang	[harimau kumbaŋ]
poema (de)	puma	[puma]
sneeuwluipaard (de)	harimau bintang salji	[harimau bintaŋ saldʒi]
lynx (de)	lynx	[liŋks]
coyote (de)	koyote	[kojot]
jakhals (de)	jakal	[dʒakal]
hyena (de)	dubuk	[dubuk]

88. Wilde dieren

dier (het)	binatang	[binataŋ]
beest (het)	binatang liar	[binataŋ liar]
eekhoorn (de)	tupai	[tupaj]
egel (de)	landak susu	[landak susu]
haas (de)	kelinci	[kɛlintʃi]
konijn (het)	arnab	[arnab]
das (de)	telugu	[tɛlugu]
wasbeer (de)	rakun	[rakun]
hamster (de)	hamster	[hamster]
marmot (de)	marmot	[marmot]
mol (de)	tikus tanah	[tikus tanah]
muis (de)	mencit	[mɛntʃit]
rat (de)	tikus mondok	[tikus mondok]
vleermuis (de)	kelawar	[kɛlavar]
hermelijn (de)	ermin	[ermin]
sabeldier (het)	sable	[sable]
marter (de)	marten	[marten]
wezel (de)	wesel	[vesel]
nerts (de)	mink	[miŋk]

| bever (de) | beaver | [biver] |
| otter (de) | memerang | [mɛmɛraŋ] |

paard (het)	kuda	[kuda]
eland (de)	rusa elk	[rusa elk]
hert (het)	rusa	[rusa]
kameel (de)	unta	[unta]

bizon (de)	bison	[bison]
wisent (de)	aurochs	[oroks]
buffel (de)	kerbau	[kɛrbau]

zebra (de)	kuda belang	[kuda bɛlaŋ]
antilope (de)	antelop	[antelop]
ree (de)	kijang	[kidʒaŋ]
damhert (het)	rusa	[rusa]
gems (de)	chamois	[ʃɛmva]
everzwijn (het)	babi hutan jantan	[babi hutan dʒantan]

walvis (de)	ikan paus	[ikan paus]
rob (de)	anjing laut	[andʒiŋ laut]
walrus (de)	walrus	[valrus]
zeebeer (de)	anjing laut berbulu	[andʒiŋ laut bɛrbulu]
dolfijn (de)	lumba-lumba	[lumba lumba]

beer (de)	beruang	[bɛruaŋ]
ijsbeer (de)	beruang kutub	[bɛruaŋ kutub]
panda (de)	panda	[panda]

aap (de)	monyet	[monjet]
chimpansee (de)	cimpanzi	[tʃimpanzi]
orang-oetan (de)	orang hutan	[oraŋ hutan]
gorilla (de)	gorila	[gorila]
makaak (de)	kera	[kra]
gibbon (de)	ungka	[uŋka]

olifant (de)	gajah	[gadʒah]
neushoorn (de)	badak	[badak]
giraffe (de)	zirafah	[zirafah]
nijlpaard (het)	kuda air	[kuda air]

| kangoeroe (de) | kanggaru | [kaŋgaru] |
| koala (de) | koala | [koala] |

mangoest (de)	cerpelai	[tʃɛrpelaj]
chinchilla (de)	chinchilla	[tʃintʃilla]
stinkdier (het)	skunk	[skuŋk]
stekelvarken (het)	landak	[landak]

89. Huisdieren

poes (de)	kucing betina	[kutʃiŋ bɛtina]
kater (de)	kucing jantan	[kutʃiŋ dʒantan]
hond (de)	anjing	[andʒiŋ]

paard (het)	kuda	[kuda]
hengst (de)	kuda jantan	[kuda ʤantan]
merrie (de)	kuda betina	[kuda bɛtina]

koe (de)	lembu	[lɛmbu]
bul, stier (de)	lembu jantan	[lɛmbu ʤantan]
os (de)	lembu jantan	[lɛmbu ʤantan]

schaap (het)	kambing biri-biri	[kambiŋ biri biri]
ram (de)	biri-biri jantan	[biri biri ʤantan]
geit (de)	kambing betina	[kambiŋ bɛtina]
bok (de)	kambing jantan	[kambiŋ ʤantan]

| ezel (de) | keldai | [kɛldaj] |
| muilezel (de) | baghal | [baɣal] |

varken (het)	babi	[babi]
biggetje (het)	anak babi	[anak babi]
konijn (het)	arnab	[arnab]

| kip (de) | ayam | [ajam] |
| haan (de) | ayam jantan | [ajam ʤantan] |

eend (de)	itik	[itik]
woerd (de)	itik jantan	[itik ʤantan]
gans (de)	angsa	[aŋsa]

| kalkoen haan (de) | ayam belanda jantan | [ajam blanda ʤantan] |
| kalkoen (de) | ayam belanda betina | [ajam blanda bɛtina] |

huisdieren (mv.)	binatang ternakan	[binataŋ tɛrnakan]
tam (bijv. hamster)	jinak	[ʤinak]
temmen (tam maken)	menjinak	[mɛnʤinak]
fokken (bijv. paarden ~)	memelihara	[mɛmɛlihara]

boerderij (de)	ladang, estet	[ladaŋ], [estet]
gevogelte (het)	ayam-itik	[ajam itik]
rundvee (het)	ternakan	[tɛrnakan]
kudde (de)	kawanan	[kavanan]

paardenstal (de)	kandang kuda	[kandaŋ kuda]
zwijnenstal (de)	kandang babi	[kandaŋ babi]
koeienstal (de)	kandang lembu	[kandaŋ lɛmbu]
konijnenhok (het)	sangkar arnab	[saŋkar arnab]
kippenhok (het)	kandang ayam	[kandaŋ ajam]

90. Vogels

vogel (de)	burung	[buruŋ]
duif (de)	burung merpati	[buruŋ mɛrpati]
mus (de)	burung pipit	[buruŋ pipit]
koolmees (de)	burung tit	[buruŋ tit]
ekster (de)	murai	[muraj]
raaf (de)	burung raven	[buruŋ raven]

kraai (de)	burung gagak	[buruŋ gagak]
kauw (de)	burung jackdaw	[buruŋ dʒɛkdo]
roek (de)	burung rook	[buruŋ ruk]

eend (de)	itik	[itik]
gans (de)	angsa	[aŋsa]
fazant (de)	burung kuang	[buruŋ kuaŋ]

arend (de)	helang	[hɛlaŋ]
havik (de)	burung helang	[buruŋ hɛlaŋ]
valk (de)	burung falcon	[buruŋ falkon]
gier (de)	hering	[hɛriŋ]
condor (de)	kondor	[kondor]

zwaan (de)	swan	[svon]
kraanvogel (de)	burung jenjang	[buruŋ dʒɛndʒaŋ]
ooievaar (de)	burung botak	[buruŋ botak]

papegaai (de)	burung nuri	[buruŋ nuri]
kolibrie (de)	burung madu	[buruŋ madu]
pauw (de)	burung merak	[buruŋ mɛrak]

struisvogel (de)	burung unta	[buruŋ unta]
reiger (de)	burung pucung	[buruŋ putʃuŋ]
flamingo (de)	burung flamingo	[buruŋ flamiŋo]
pelikaan (de)	burung undan	[buruŋ undan]

| nachtegaal (de) | burung merbah | [buruŋ mɛrbah] |
| zwaluw (de) | burung layang-layang | [buruŋ lajaŋ lajaŋ] |

lijster (de)	burung murai	[buruŋ muraj]
zanglijster (de)	burung song thrush	[buruŋ soŋ traʃ]
merel (de)	burung hitam	[buruŋ hitam]

gierzwaluw (de)	burung walet	[buruŋ valet]
leeuwerik (de)	seri ayu	[sri aju]
kwartel (de)	burung puyuh	[buruŋ pujuh]

specht (de)	burung belatuk	[buruŋ bɛlatuk]
koekoek (de)	sewah padang	[sɛvah padaŋ]
uil (de)	burung hantu	[buruŋ hantu]
oehoe (de)	burung jampok	[buruŋ dʒampok]
auerhoen (het)	wood grouse	[vud graus]
korhoen (het)	grouse hitam	[graus hitam]
patrijs (de)	ayam hutan	[ajam hutan]

spreeuw (de)	burung starling	[buruŋ starliŋ]
kanarie (de)	burung kenari	[buruŋ kɛnari]
hazelhoen (het)	burung hazel grouse	[buruŋ hazel graus]

| vink (de) | burung chaffinch | [buruŋ tʃafintʃ] |
| goudvink (de) | burung bullfinch | [buruŋ bulfintʃ] |

meeuw (de)	burung camar	[buruŋ tʃamar]
albatros (de)	albatros	[albatros]
pinguïn (de)	penguin	[peŋuin]

91. Vis. Zeedieren

brasem (de)	ikan bream	[ikan brim]
karper (de)	ikan kap	[ikan kap]
baars (de)	ikan puyu	[ikan puju]
meerval (de)	ikan keli	[ikan kli]
snoek (de)	ikan paik	[ikan pajk]
zalm (de)	salmon	[salmon]
steur (de)	ikan sturgeon	[ikan sturgeon]
haring (de)	ikan hering	[ikan hɛriŋ]
atlantische zalm (de)	salmon Atlantik	[salmon atlantik]
makreel (de)	ikan tenggiri	[ikan tɛŋgiri]
platvis (de)	ikan sebelah	[ikan sɛblah]
snoekbaars (de)	ikan zander	[ikan zander]
kabeljauw (de)	ikan kod	[ikan kod]
tonijn (de)	tuna	[tuna]
forel (de)	ikan trout	[ikan trout]
paling (de)	ikan belut	[ikan bɛlut]
sidderrog (de)	ikan pari elektrik	[ikan pari ɛlektrik]
murene (de)	ikan moray eel	[ikan morej il]
piranha (de)	pirana	[pirana]
haai (de)	jerung	[dʒɛruŋ]
dolfijn (de)	lumba-lumba	[lumba lumba]
walvis (de)	ikan paus	[ikan paus]
krab (de)	ketam	[kɛtam]
kwal (de)	ubur-ubur	[ubur ubur]
octopus (de)	sotong kurita	[sotoŋ kurita]
zeester (de)	tapak sulaiman	[tapak sulajman]
zee-egel (de)	landak laut	[landak laut]
zeepaardje (het)	kuda laut	[kuda laut]
oester (de)	tiram	[tiram]
garnaal (de)	udang	[udaŋ]
kreeft (de)	udang karang	[udaŋ karaŋ]
langoest (de)	udang krai	[udaŋ kraj]

92. Amfibieën. Reptielen

slang (de)	ular	[ular]
giftig (slang)	beracun	[bɛratʃun]
adder (de)	ular beludak	[ular bɛludak]
cobra (de)	kobra	[kobra]
python (de)	ular sawa	[ular sava]
boa (de)	ular boa	[ular boa]
ringslang (de)	ular cincin emas	[ular tʃintʃin ɛmas]

| ratelslang (de) | ular orok-orok | [ular orok orok] |
| anaconda (de) | ular anaconda | [ular anakonda] |

hagedis (de)	cicak	[tʃitʃak]
leguaan (de)	iguana	[iguana]
varaan (de)	biawak	[biavak]
salamander (de)	salamander	[salamandɛr]
kameleon (de)	sumpah-sumpah	[sumpah sumpah]
schorpioen (de)	kala jengking	[kala dʒɛŋkiŋ]

schildpad (de)	kura-kura	[kura kura]
kikker (de)	katak	[katak]
pad (de)	katak puru	[katak puru]
krokodil (de)	buaya	[buaja]

93. Insecten

insect (het)	serangga	[sɛraŋga]
vlinder (de)	rama-rama	[rama rama]
mier (de)	semut	[sɛmut]
vlieg (de)	lalat	[lalat]
mug (de)	nyamuk	[njamuk]
kever (de)	kumbang	[kumbaŋ]

wesp (de)	penyengat	[pɛnjeŋat]
bij (de)	lebah	[lɛbah]
hommel (de)	kumbang	[kumbaŋ]
horzel (de)	lalat kerbau	[lalat kɛrbau]

| spin (de) | labah-labah | [labah labah] |
| spinnenweb (het) | sarang labah-labah | [saraŋ labah labah] |

libel (de)	pepatung	[pɛpatuŋ]
sprinkhaan (de)	belalang	[bɛlalaŋ]
nachtvlinder (de)	kupu-kupu	[kupu kupu]

kakkerlak (de)	lipas	[lipas]
teek (de)	cengkenit	[tʃɛŋkɛnit]
vlo (de)	pinjal	[pindʒal]
kriebelmug (de)	agas	[agas]

treksprinkhaan (de)	belalang juta	[bɛlalaŋ dʒuta]
slak (de)	siput	[siput]
krekel (de)	cengkerik	[tʃɛŋkrik]
glimworm (de)	kelip-kelip	[klip klip]
lieveheersbeestje (het)	kumbang kura-Kura	[kumbaŋ kura kura]
meikever (de)	kumbang kabai	[kumbaŋ kabaj]

bloedzuiger (de)	lintah	[lintah]
rups (de)	ulat bulu	[ulat bulu]
aardworm (de)	cacing	[tʃatʃiŋ]
larve (de)	larva	[larva]

FLORA

94. Bomen

boom (de)	pokok	[pokok]
loof- (abn)	daun luruh	[daun luruh]
dennen- (abn)	konifer	[konifer]
groenblijvend (bn)	malar hijau	[malar hidʒau]
appelboom (de)	pokok epal	[pokok epal]
perenboom (de)	pokok pear	[pokok pɛar]
zoete kers (de)	pokok ceri manis	[pokok tʃeri manis]
zure kers (de)	pokok ceri	[pokok tʃeri]
pruimelaar (de)	pokok plam	[pokok plam]
berk (de)	pokok birch	[pokok 'bøtʃ]
eik (de)	oak	[ouk]
linde (de)	pokok linden	[pokok linden]
esp (de)	pokok aspen	[pokok aspen]
esdoorn (de)	pokok mapel	[pokok mapel]
spar (de)	pokok fir	[pokok fir]
den (de)	pokok pain	[pokok pajn]
lariks (de)	pokok larch	[pokok lartʃ]
zilverspar (de)	fir	[fir]
ceder (de)	pokok cedar	[pokok sidɛr]
populier (de)	pokok poplar	[pokok poplar]
lijsterbes (de)	pokok rowan	[pokok rovan]
wilg (de)	pokok willow	[pokok villou]
els (de)	pokok alder	[pokok alder]
beuk (de)	pokok bic	[pokok bitʃ]
iep (de)	pokok elm	[pokok ɛlm]
es (de)	pokok abu	[pokok abu]
kastanje (de)	berangan	[bɛraŋan]
magnolia (de)	magnolia	[magnolia]
palm (de)	palma	[palma]
cipres (de)	pokok cipres	[pokok tʃipres]
mangrove (de)	bakau	[bakau]
baobab (apenbroodboom)	baobab	[baobab]
eucalyptus (de)	eukaliptus	[ɛukaliptus]
mammoetboom (de)	sequoia	[sekuoja]

95. Heesters

struik (de)	pokok	[pokok]
heester (de)	pokok renek	[pokok renek]

| wijnstok (de) | pokok anggur | [pokok aŋgur] |
| wijngaard (de) | kebun anggur | [qbun aŋgur] |

frambozenstruik (de)	pokok raspberi	[pokok rasberi]
zwarte bes (de)	pokok beri hitam	[pokok kismis hitam]
rode bessenstruik (de)	pokok kismis merah	[pokok kismis merah]
kruisbessenstruik (de)	pokok gusberi	[pokok gusberi]

acacia (de)	pokok akasia	[pokok akasia]
zuurbes (de)	pokok barberi	[pokok barberi]
jasmijn (de)	melati	[m'lati]

jeneverbes (de)	pokok juniper	[pokok dʒuniper]
rozenstruik (de)	pokok mawar	[pokok mavar]
hondsroos (de)	brayer	[brajer]

96. Vruchten. Bessen

| vrucht (de) | buah | [buah] |
| vruchten (mv.) | buah-buahan | [buah buahan] |

appel (de)	epal	[epal]
peer (de)	buah pear	[buah pear]
pruim (de)	plam	[plam]

aardbei (de)	strawberi	[stroberi]
zure kers (de)	buah ceri	[buah tʃeri]
zoete kers (de)	ceri manis	[tʃeri manis]
druif (de)	anggur	[aŋgur]

framboos (de)	raspberi	[rasberi]
zwarte bes (de)	beri hitam	[beri hitam]
rode bes (de)	buah kismis merah	[buah kismis merah]
kruisbes (de)	buah gusberi	[buah gusberi]
veenbes (de)	kranberi	[kranberi]

sinaasappel (de)	jeruk manis	[dʒeruk manis]
mandarijn (de)	limau mandarin	[limau mandarin]
ananas (de)	nanas	[nanas]
banaan (de)	pisang	[pisaŋ]
dadel (de)	buah kurma	[buah kurma]

citroen (de)	lemon	[lemon]
abrikoos (de)	aprikot	[aprikot]
perzik (de)	pic	[pitʃ]

| kiwi (de) | kiwi | [kivi] |
| grapefruit (de) | limau gedang | [limau gɛdaŋ] |

bes (de)	buah beri	[buah beri]
bessen (mv.)	buah-buah beri	[buah buah beri]
vossenbes (de)	cowberry	[kauberi]
bosaardbei (de)	strawberi	[stroberi]
blauwe bosbes (de)	buah bilberi	[buah bilberi]

97. Bloemen. Planten

bloem (de)	bunga	[buŋa]
boeket (het)	jambak bunga	[dʒambak buŋa]
roos (de)	mawar	[mavar]
tulp (de)	tulip	[tulip]
anjer (de)	bunga teluki	[buŋa tɛluki]
gladiool (de)	bunga gladiola	[buŋa gladiola]
korenbloem (de)	bunga butang	[buŋa butaŋ]
klokje (het)	bunga loceng	[buŋa lotʃɛŋ]
paardenbloem (de)	dandelion	[dandelion]
kamille (de)	bunga camomile	[buŋa kɛmomajl]
aloë (de)	lidah buaya	[lidah buaja]
cactus (de)	kaktus	[kaktus]
ficus (de)	pokok ara	[pokok ara]
lelie (de)	bunga lili	[buŋa lili]
geranium (de)	geranium	[geranium]
hyacint (de)	bunga lembayung	[buŋa lɛmbajuŋ]
mimosa (de)	bunga semalu	[buŋa sɛmalu]
narcis (de)	bunga narsisus	[buŋa narsisus]
Oost-Indische kers (de)	bunga nasturtium	[buŋa nasturtium]
orchidee (de)	anggerik, okid	[aŋgrik], [okid]
pioenroos (de)	bunga peony	[buŋa peoni]
viooltje (het)	bunga violet	[buŋa violet]
driekleurig viooltje (het)	bunga pansy	[buŋa pɛnsi]
vergeet-mij-nietje (het)	bunga jangan lupakan daku	[buŋa dʒaŋan lupakan daku]
madeliefje (het)	bunga daisi	[buŋa dajsi]
papaver (de)	bunga popi	[buŋa popi]
hennep (de)	hem	[hem]
munt (de)	mint	[mint]
lelietje-van-dalen (het)	lili lembah	[lili lɛmbah]
sneeuwklokje (het)	bunga titisan salji	[buŋa titisan saldʒi]
brandnetel (de)	netel	[netel]
veldzuring (de)	sorrel	[sorel]
waterlelie (de)	bunga telepok	[buŋa tɛlepok]
varen (de)	paku-pakis	[paku pakis]
korstmos (het)	liken	[liken]
oranjerie (de)	rumah hijau	[rumah hidʒau]
gazon (het)	lon	[lon]
bloemperk (het)	batas bunga	[batas buŋa]
plant (de)	tumbuhan	[tumbuhan]
gras (het)	rumput	[rumput]
grasspriet (de)	sehelai rumput	[sɛhelaj rumput]

blad (het)	daun	[daun]
bloemblad (het)	kelopak	[kɛlopak]
stengel (de)	batang	[bataŋ]
knol (de)	ubi	[ubi]

| scheut (de) | tunas | [tunas] |
| doorn (de) | duri | [duri] |

bloeien (ww)	berbunga	[bɛrbuŋa]
verwelken (ww)	layu	[laju]
geur (de)	bau	[bau]
snijden (bijv. bloemen ~)	memotong	[mɛmotoŋ]
plukken (bloemen ~)	memetik	[mɛmɛtik]

98. Granen, graankorrels

graan (het)	biji-bijian	[bidʒi bidʒian]
graangewassen (mv.)	padi-padian	[padi padian]
aar (de)	bulir	[bulir]

tarwe (de)	gandum	[gandum]
rogge (de)	rai	[raj]
haver (de)	oat	[oat]
gierst (de)	sekoi	[sɛkoj]
gerst (de)	barli	[barli]

maïs (de)	jagung	[dʒaguŋ]
rijst (de)	beras	[bras]
boekweit (de)	bakwit	[bakvit]

erwt (de)	kacang sepat	[katʃaŋ sɛpat]
nierboon (de)	kacang buncis	[katʃaŋ buntʃis]
soja (de)	kacang soya	[katʃaŋ soja]
linze (de)	kacang lentil	[katʃaŋ lentil]
bonen (mv.)	kacang	[katʃaŋ]

LANDEN VAN DE WERELD

99. Landen. Deel 1

Afghanistan (het)	Afghanistan	[afɣanistan]
Albanië (het)	Albania	[albania]
Argentinië (het)	Argentina	[argentina]
Armenië (het)	Armenia	[armenia]
Australië (het)	Australia	[australia]
Azerbeidzjan (het)	Azerbaijan	[azerbajdʒan]
Bahama's (mv.)	Kepulauan Bahamas	[kɛpulawan bahamas]
Bangladesh (het)	Bangladesh	[baŋladeʃ]
België (het)	Belgium	[beldʒem]
Bolivia (het)	Bolivia	[bolivia]
Bosnië en Herzegovina (het)	Bosnia-Herzegovina	[bosnia hɛtĺsigovina]
Brazilië (het)	Brazil	[brazil]
Bulgarije (het)	Bulgaria	[bulgaria]
Cambodja (het)	Kemboja	[kembodʒa]
Canada (het)	Kanada	[kanada]
Chili (het)	Chile	[tʃili]
China (het)	China	[tʃina]
Colombia (het)	Colombia	[kolombia]
Cuba (het)	Cuba	[kjuba]
Cyprus (het)	Cyprus	[sajprɛs]
Denemarken (het)	Denmark	[denmark]
Dominicaanse Republiek (de)	Republik Dominika	[republik dominika]
Duitsland (het)	Jerman	[dʒerman]
Ecuador (het)	Ecuador	[ɛkuador]
Egypte (het)	Mesir	[mɛsir]
Engeland (het)	Inggeris	[iŋgris]
Estland (het)	Estonia	[estonia]
Finland (het)	Finland	[finlɛnd]
Frankrijk (het)	Perancis	[prantʃis]
Frans-Polynesië	Polinesia Perancis	[polinesia prantʃis]
Georgië (het)	Georgia	[dʒodʒia]
Ghana (het)	Ghana	[ɣana]
Griekenland (het)	Greece	[gris]
Groot-Brittannië (het)	Great Britain	[grejt britɛn]
Haïti (het)	Haiti	[hejiti]
Hongarije (het)	Hungary	[haŋɛri]
Ierland (het)	Ireland	[ajɛlɛnd]
IJsland (het)	Iceland	[ajslɛnd]
India (het)	India	[india]
Indonesië (het)	Indonesia	[indonesia]

Irak (het)	Iraq	[irak]
Iran (het)	Iran	[iran]
Israël (het)	Israel	[izrael]
Italië (het)	Itali	[itali]

100. Landen. Deel 2

Jamaica (het)	Jamaica	[dʒamajka]
Japan (het)	Jepun	[dʒepun]
Jordanië (het)	Jordan	[dʒodɛn]
Kazakstan (het)	Kazakhstan	[kazahstan]
Kenia (het)	Kenya	[kenia]
Kirgizië (het)	Kirgizia	[kirgizia]
Koeweit (het)	Kuwait	[kuvejt]

Kroatië (het)	Croatia	[krouɛjʃa]
Laos (het)	Laos	[laos]
Letland (het)	Latvia	[latvia]
Libanon (het)	Lubnan	[lubnan]
Libië (het)	Libya	[libia]
Liechtenstein (het)	Liechtenstein	[lihtenstajn]
Litouwen (het)	Lithuania	[lituania]

Luxemburg (het)	Luxembourg	[laksemburg]
Macedonië (het)	Macedonia	[masedonia]
Madagaskar (het)	Madagascar	[madagaskar]
Maleisië (het)	Malaysia	[malajsia]
Malta (het)	Malta	[malta]
Marokko (het)	Maghribi	[maɣribi]
Mexico (het)	Mexico	[meksiko]

Moldavië (het)	Moldavia	[moldavija]
Monaco (het)	Monaco	[monekou]
Mongolië (het)	Mongolia	[monolia]
Montenegro (het)	Montenegro	[montenegro]
Myanmar (het)	Myanmar	[mjanmar]
Namibië (het)	Namibia	[namibia]
Nederland (het)	Belanda	[blanda]

Nepal (het)	Nepal	[nepal]
Nieuw-Zeeland (het)	New Zealand	[nju zilɛnd]
Noord-Korea (het)	Korea Utara	[korea utara]
Noorwegen (het)	Norway	[norvej]
Oekraïne (het)	Ukraine	[jukrejn]
Oezbekistan (het)	Uzbekistan	[uzbekistan]
Oostenrijk (het)	Austria	[ostria]

101. Landen. Deel 3

Pakistan (het)	Pakistan	[pakistan]
Palestijnse autonomie (de)	Palestine	[palestin]
Panama (het)	Panama	[panama]

Paraguay (het)	**Paraguay**	[paraguaj]
Peru (het)	**Peru**	[peru]
Polen (het)	**Poland**	[polɛnd]
Portugal (het)	**Portugal**	[portugal]
Roemenië (het)	**Romania**	[romania]
Rusland (het)	**Rusia**	[rusia]
Saoedi-Arabië (het)	**Saudi Arabia**	[saudi arabia]
Schotland (het)	**Scotland**	[skotlɛnd]
Senegal (het)	**Senegal**	[senegal]
Servië (het)	**Serbia**	[serbia]
Slovenië (het)	**Slovenia**	[slovenia]
Slowakije (het)	**Slovakia**	[slovakia]
Spanje (het)	**Sepanyol**	[spanjol]
Suriname (het)	**Suriname**	[surinam]
Syrië (het)	**Syria**	[siria]
Tadzjikistan (het)	**Tajikistan**	[tadʒikistan]
Taiwan (het)	**Taiwan**	[tajvan]
Tanzania (het)	**Tanzania**	[tanzania]
Tasmanië (het)	**Tasmania**	[tasmania]
Thailand (het)	**Thailand**	[tailand]
Tsjechië (het)	**Republik Czech**	[republik tʃeh]
Tunesië (het)	**Tunisia**	[tunisia]
Turkije (het)	**Turki**	[turki]
Turkmenistan (het)	**Turkmenistan**	[turkmenistan]
Uruguay (het)	**Uruguay**	[uruguaj]
Vaticaanstad (de)	**Vatican**	[vɛtiken]
Venezuela (het)	**Venezuela**	[venezuela]
Verenigde Arabische Emiraten	**Emiriah Arab Bersatu**	[ɛmiria arab bɛrsatu]
Verenigde Staten van Amerika	**Amerika Syarikat**	[amerika çarikat]
Vietnam (het)	**Vietnam**	[vjetnam]
Wit-Rusland (het)	**Belarus**	[belarus]
Zanzibar (het)	**Zanzibar**	[zanzibar]
Zuid-Afrika (het)	**Afrika Selatan**	[afrika sɛlatan]
Zuid-Korea (het)	**Korea Selatan**	[korea sɛlatan]
Zweden (het)	**Sweden**	[svidɛn]
Zwitserland (het)	**Switzerland**	[svizelɛnd]

www.ingramcontent.com/pod-product-compliance
Lightning Source LLC
Chambersburg PA
CBHW070821050426
42452CB00011B/2138